Werte checken Sinn entdecken

Geschichten aus dem Arbeitsleben

(Zweite Auflage)

Christoph Dietrich

Wien, 2022

Impressum

FSC
www.fsc.org
MIX
Papier aus ver-
antwortungsvollen
Quellen
Paper from
responsible sources
FSC® C105338

Bibliografische Information der Deutschen Nationalbibliothek: Die Deutsche Nationalbibliothek verzeichnet diese Publikation in der Deutschen Nationalbibliografie; detaillierte bibliografische Daten sind im Internet über dnb.dnb.de abrufbar.

© 2022 Mag. Christoph Dietrich

Herstellung und Verlag:	*BoD – Books on Demand, Norderstedt*
Umschlaggestaltung:	*BoD – Books on Demand, Norderstedt*
	Mag. Christoph Dietrich
Lektorat und Korrektorat:	*Mag. Michaela Dietrich*
Satz und Layout:	*Mag. Christoph Dietrich*
ISBN:	*978-3-755-75684-2*

Dankesworte

Mein Dank gilt Ewald Zadrazil für seinen pointierten und frivolen Beitrag über Werte und unerfüllte Bedürfnisse.

Welche Werte kommen mir in den Sinn, wenn ich an Ewald denke? Humor und Leichtigkeit.

Ebenso bedanke ich mich bei Michaela Dietrich, die dieses Projekt als geduldige und insistente Lektorin/Korrektorin begleitet hat.

Welche Werte Michaela für mich verkörpert? Gelassenheit und Beständigkeit.

Du überfliegst das Inhaltsverzeichnis meines Buches. „Begeisterung, Wissen, Verantwortung – klar, das sind wichtige Eigenschaften im Beruf", denkst du achselzuckend. „Aber warum zum Kuckuck schreibt der Typ über Ästhetik, Chaos oder Hingabe? Was hat das mit meinem Job zu tun?"

Nachdem ich im Juni 2020 die Studie *„Werte in der Arbeitswelt 2020 – was Arbeitnehmer und Arbeitgeber verbindet"* veröffentlicht habe, lege ich dir mit dieser Sammlung von Anekdoten und Essays einen Werte-Ratgeber für das Arbeitsleben ans Herz. Pointierte und anregende Gedankenhäppchen wollen dich zur Reflexion über deine Werte und dein Arbeitsumfeld verführen – egal, ob du Berufseinsteiger oder *Senior*, Mitarbeiter oder Führungskraft, Personalmanager oder Berater bist.

Du bist skeptisch. „Warum soll ich ein Buch über Werte lesen? Klingt fad…"

„Werte sind das, was dir bleibt, wenn du sonst nichts mehr hast." Diese Einsicht kam mir, als ich beruflich jahrelang mit Unternehmenskrisen und menschlichen Schicksalen zu tun hatte. Werte sagen dir, was für dich wichtig und unwichtig ist. Sie geben dir ein Lebensziel, einen *Purpose*. Kenne deine Werte und du hast immer einen Kompass dabei, der die Marschrichtung angibt, und ein Exoskelett, das dich auch in den schwierigsten Situationen aufrecht hält. Dies trifft auf Menschen, aber auch auf Unternehmen zu.

„*Wir sind die Summe unserer Werte.*" Jene Einsicht gewann ich, als ich mir die Frage nach dem Grund menschlichen und organisationalen Wirkens stellte. Unsere Werte, Haltungen, Einstellungen, Ansichten, Meinungen, Urteile, Bewertungen, Perspektiven – kurz, alles was wir über die großen und kleinen Dinge des Lebens sagen und denken, bestimmt unser Handeln. Auch dies trifft auf Menschen und Unternehmen gleichermaßen zu.

Wenn du nicht nur einen Beruf, sondern eine Karriere (oder noch besser: eine Berufung) haben willst, dann beschäftigst du dich mit deinen Werten. Wenn du ein Unternehmen nachhaltig führen willst, kriegst du das nur mit Werten gebacken.

Diese zweite Auflage enthält „wert"-volle Kapitel über die Werte Achtsamkeit, Neugier, Transparenz, Vermögen und Verständigung. Gute Einsichten beim Lesen wünscht

Christoph Dietrich, Jänner 2022

INHALT

GESUNDHEITSWARNUNG: WERTE SIND ANSTECKEND!

Es ist Jänner. Grippezeit. Jetzt grassiert auch noch Corona. Und die Nase tropft im Winter sowieso immer. Verdammt. Du liegst auf der Couch, schniefst und hustest. *Over and out.* Zum Nichtstun verdammt. Nichtstun? Vielleicht. Nichts denken? Niemals! Du entscheidest dich dafür, den Krankenstand zum Nachdenken zu nutzen. „Reflektieren" nennt man das ja heute. Soll gut für die Psychohygiene sein und sogar förderlich für deine Resilienz. Nur klappt das nicht ganz mit dem Nachdenken. Du bist zugedröhnt von den Medikamenten und deine Birne brummt. Die Alltagssorgen lassen auch nicht locker: Wann geht Corona vorüber? Verlierst du auch bald deinen Job? Du schaust in die sozialen Medien - vielleicht bloggt einer was Interessantes oder gibt dir einen *Nudge*, worüber du nachdenken kannst.

Da gibt´s doch diesen *Werte-Blogger.* Mal sehen – was schreibt der Typ? „…das Wertegerüst eines Menschen hängt unter anderem von seiner sozialen Prägung ab. Wir sind in einer bestimmten Weise sozialisiert worden und haben daher grobe Werte-Cluster erlernt, die uns für den Rest unseres Lebens begleiten. Allerdings kann die Ausprägung einzelner Werte in Abhängigkeit von unserem Umfeld variieren…"

Verschwurbelter Psycho-Quatsch. Aber: Du fängst an, über deine „Werte-DNA" nachzudenken: Was treibt dich an, was hat dich geformt, was ist dir wichtig?

Deine Kindheit war geprägt von dem offenen Haus deiner Eltern – gute Nachbarschaft, viele Besuche, Partys im Garten. Deine Mutter hatte immer ein offenes Ohr für die Anliegen ihrer Freundinnen, dein Vater immer eine helfende Hand für seine *Buddies*. Als dein Vater seinen Job verlor, waren Familie und Bekannte unterstützend zur Stelle. Trotz aller Schwierigkeiten war das Leben immer easy. Solidarität und Freundschaft haben wohl deswegen auch für dich einen hohen Stellenwert erlangt. Netzwerke pflegen, andere teilhaben lassen, „Geben und Nehmen", „Leben und leben lassen" - das ist dein „Werte-Stammbaum".

Wie veränderten sich deine Werte, als du nach dem Studium in eine Investment-Firma eingetreten bist? Deine Chefs waren Weltmeister in der Ellbogentechnik, und auch du hast rasch gelernt, auf dein eigenes Fortkommen zu schauen. Allmählich haben Werte wie Eigennutz, Durchsetzungskraft und Machtstreben deine ursprüngliche „Werte-DNA" verwässert, aber nicht verdrängt; überlagert, aber nicht ersetzt.

Es kommt dir vor, als ob du im Beruf mit Haltungen und Einstellungen *infiziert* worden wärst, die nicht zu dir passen. Diese „Werte-Inkongruenz" zwischen deinen Kindheitswerten und deinen beruflichen Werten hat dich gestresst. Deine alten Werte haben dich unterbewusst spüren lassen, dass der Investment-Job nix für dich ist. Und so hast du dir einen anderen gesucht. Einen, der besser zu dir passt. Einen, wo du sein kannst, wie du bist. So, wie du es halt schon von Kindesbeinen an erlernt hast.

Du fragst dich, wie du dich am besten gegen solche „Werte-Infektionen" schützen kannst?

Ganz einfach. Du gehst wie in der Homöopathie vor und bekämpfst Gleiches mit Gleichem. Indem du dir regelmäßig jene Werte bewusst machst, die dir wichtig sind, hast du den besten Schutzschild gegen andere Haltungen, die nicht so günstig sind für dich.

Und du wirst ein gutes, werterfülltes Leben haben.

Eine Sportbekleidungskette wirbt mit dem Slogan „Ich bin raus" und lässt seine Kunden über entlegene Bergwiesen wandern. Ein Telekomunternehmen wirbt mit „Giga-Highspeed" und verführt mit rasanten Motorradfahrten. Das Abendprogramm bringt eine Doku über Naturparadiese in Costa Rica. Schon eine geile Sache, diese Abenteuer. Unwillkürlich denkst du: „Wenn ich mal in Pension bin oder einen *Sabbatical* nehme, dann schau´ ich mir die Welt an."

Wir verbannen das Erleben von Abenteuern ausschließlich in die Privatsphäre. In der Arbeitswelt sind Abenteuer weitgehend tabu. Unser Arbeitsalltag wird stattdessen beherrscht von Leistungsdenken; Pflichterfüllung; den Mühen des Tagesgeschäfts; Konformität in Sprache, Verhalten und Kleidung; Wettbewerbsdruck und Gewinnstreben. Ein *Teambuilding Event* mit Whitewater-Rafting ist vielleicht der einzige Berührungspunkt mit dem Abenteuer im Beruf.

Musst du ein abenteuerloses Berufsleben führen? Mitnichten. Abenteuer kann auch anders definiert werden: als Experimentierfreude, als Mut zum Risiko, als Lust auf ein Wagnis, als Neugier auf unbekannte Horizonte.

Du siehst schon: Abenteuer und eine unternehmerische Arbeitseinstellung sind eng miteinander verbunden. Dein nachhaltiger Erfolg im Berufsleben hängt von deiner Bereitschaft ab, in deinem Wirkungskreis tagtäglich nach einem Abenteuer zu suchen und deinen Job spannend zu gestalten. Wer wartet, dass der Chef zum Animateur mutiert, wartet vergeblich.

Überleg doch, mit welchen kleinen Abenteuern du deinen Arbeitsalltag anreichern könntest.

Achtsamkeit hat in den letzten Jahren viele verschiedene Bedeutungen erlangt. Für die einen bedeutet sie, durch Meditation oder Yoga zur Ruhe zu kommen; für andere, Mitmenschen wertschätzend und respektvoll entgegenzutreten; für wieder andere ist sie ein kognitives Therapiemittel zur Behandlung von Depressionen und Ängsten.

Achtsamkeit hat mittlerweile eine stark ich-bezogene Konnotation erlangt, d.h. für viele ist die Achtsamkeitslehre zur Antwort auf die Frage „Was kann ich tun, damit es mir besser geht?" geworden. Achtsamkeit ist allerdings kontextbezogen, d.h. es geht vielmehr um die Frage „Was mache ich hier eigentlich?". Achtsamkeit ermöglicht dir nämlich, dich am Schopf aus dem Sumpf zu ziehen und dein Umfeld aus der Helikopterperspektive zu betrachten. Wie das funktioniert?

Ganz einfach – durch Selbstbefragung. Entscheider in Politik und Wirtschaft könnten sich beispielsweise folgende Fragen stellen:

„Bin ich Leader oder Getriebener?"

„Handle ich fair und transparent oder willkürlich und undurchsichtig?"

„Handle ich richtig und rechtens?"

„Welche Interessen bestimmen mein Handeln?"

„Welche Konflikte und Konsequenzen könnten sich daraus ergeben?"

Achtsamkeit ist eine Anleitung zur Selbstreflexion, die zwei wunderschöne Blüten treibt. Erstens fühlst du dich selbstwirksam, indem du deine Probleme kognitiv analysierst. Zweitens tust du damit auch etwas für deinen Selbstschutz, indem du deine Problemlösungskapazitäten ausbaust. So gesehen, ist Achtsamkeit daher die beste und günstigste Haftpflichtversicherung für Führungskräfte – und damit eine wertvolle Investition, wenn du Karriere machen willst.

Ich sitze vor meiner Almhütte, blinzle in die wärmende Frühlingssonne und räkle mich gemächlich auf meiner Lärchenbank. Doch lange will der Müßiggang nicht währen – ich springe auf, ich muss was tun. Schnellen Schrittes eile ich zur Gartenhütte, greife entschieden zu den Werkzeugen meiner Wahl und mache mich über meinen Garten her. Ein Gefühl der Macht keimt in mir auf, als meine Motorsense die ersten Halme fällt. Euphorisch greife ich zur Baumschere und metzle überhängende Sträucher meines Nachbarn nieder. Exterminisierungsbesessen mache ich mich über das Unkraut in meinem Blumenbeet her, hämisch grinsend mache ich Löwenzahn und Co. den Garaus. Siegestrunken lasse ich mich mit einer Flasche Bier auf meinem Gartenstuhl nieder und betrachte mein Werk. Mein Blick fällt auf ein unscheinbares Loch neben dem Tulpenbeet: Wühlmaus-Alarm! Neben dem Flieder rührt sich plötzlich die Erde: Maulwurf-Attacke! Kann ich das zulassen? Niemals! Mit Wühlmaus-Abwehrköder hechte ich zum Tulpenbeet, schlage eine Ninja-Rolle und positioniere mich mit einem Spaten bewaffnet neben dem Maulwurfshügel, um dem possierlichen Tierchen bei der geringsten Bewegung eins

Überzubraten. Es geht doch nichts über Gartenarbeit. Ich bin Herr über Leben und Tod, ich bestimme was gedeiht und was stirbt. Meine Machtgelüste kann ich hier hemmungslos ausleben, Allmachtsphantasien setze ich tatkräftig in die Realität um. Gegenwehr? Gibt´s nicht. Jeder Grashalm beugt sich meinem Willen. Wenn´s nur im Job auch so wär´.

Das war ich, bevor ich meine Führungskarriere an den Nagel hing und mit Achtsamkeitstraining anfing. Und heute?

Ich *muss* nicht mehr etwas tun, sondern ich *kann*, wenn ich *will*. Der Rasen muss kein englischer sein, Sträucher dürfen überhängen und Löwenzahn hat seine Daseinsberechtigung zwischen Rosen und Bartnelken. Wühlmäusen, Maulwürfen und selbst der gelegentlichen Katze, die in mein Beet pisst, begegne ich mit Achtsamkeit. Ich bemerke, dass die Tiere da sind, weil sie immer da waren und immer da sein werden, egal was ich mache. Mein Wunsch nach weniger Löchern, Hügeln und Katzenkot macht mich nur unglücklich, weil ich ihn nie verwirklichen kann. Sollte ich mich ärgern, erinnere ich mich behutsam daran, dass es für mich nicht günstig ist und leite meine Gedanken zum schönen Gesamtbild meines Gartens. Gewaltfreie Gartenarbeit lehrt mich, dass es doch auch anders geht – ohne Konkurrenzdenken, Ellbogentechnik und Perfektionismus. Wenn´s nur im Job auch so wär´.

Führungskräfte, fühlt die Frühlingskräfte! Gewaltfreie Gartenarbeit ist Management-Training. Sie lehrt euch, eure Karriere nachhaltig zu gestalten.

Neulich gelesen in einer Job-Annonce: „Bist du flexibel wie ein Gummiband? Dann brauchen wir dich als Office-Manager*in für unsere Agentur." Kein Scherz – die haben das wirklich so gepostet.

Seitdem das Wort „Flexibilität" in unsere Business-Sprache Einzug gehalten hat (Wann war das nochmal? In den 1980er Jahren?), hat es sich gut verankert und gilt als Basis-Attribut, wenn man es in der Arbeitswelt überhaupt annähernd zu etwas bringen will. Aber was bedeutet Flexibilität eigentlich?

Der Begriff ist so superschwanger mit Bedeutungsmehrlingen, dass eine Definition nicht ganz einfach erscheint. Würde mich ein HR-Manager im Bewerbungsgespräch fragen, ob ich denn flexibel sei, würde ich zur Antwort geben: „Naja – ich würde Ihnen gerne was vortanzen, aber leider hab´ ich mein Tütü nicht dabei. Aber im Ernst – definieren *Sie* doch, was das eigentlich in Ihrem Unternehmen bedeutet. Welcher Erwartungshaltung müsste ich entsprechen?"

Bin ich flexibel, wenn ich aufgrund meiner fachlichen Versiertheit vielseitig einsetzbar bin? Oder bin ich´s, wenn ich Lösungsoptionen aufzeige anstatt zu sagen „Ich bin nicht zuständig"? Oder bin ich´s, wenn ich als *Multi-Tasker* durchs Büro fege, mit rechts telefonierend, mit links einen Vertrag unterschreibend und mit dem linken Fuß dem Chef einen Kaffee servierend? Vielleicht gelte ich als flexibel, wenn man mich morgen als Expat nach Kiev versetzt, im nächsten Jahr nach Timbuktu und im übernächsten auf den Mond? Nein, denn letzteres würde man „Mobilität" nennen – räumlich gedachte Flexibilität sozusagen. Bin ich flexibel, wenn ich trotz meiner drei Kinder jederzeitige Erreichbarkeit in einem Teilzeitjob zusage? Oder bin ich es, wenn ich beharrlich immer dieselbe Arbeit verrichte, während ich dreimal im Jahr die Abteilung und das Büro wechsle, jedes Jahr einen Change-Prozess über mich ergehen lasse und im Halbjahresrhythmus einen neuen Chef vor die Nase geknallt bekomme? Oder wäre das dann die Steigerungsstufe von Flexibilität, nämlich „Agilität"?

Vor dreißig Jahren wurde uns Flexibilität abverlangt, heute sollen wir agil sein. Während damals Flexibilität eine *individuelle* Eigenschaft war, wird Agilität heute als eine *kollektive* gesehen. Das Postulat der agilen Organisation treibt dabei oft wundersame Blüten. „Und Agilität machen Sie auch?", wurde ich neulich von einem Beratungskunden gefragt, mit dem ich personenzentrierte Ansätze für organisationale Veränderung diskutierte. Unweigerlich entstand dabei vor meinem geistigen Auge das Bild eines Regenmachers, der mit schamanischen Ritualen einen kriegsmüden Stamm wieder fit machen sollte. Auf meine Frage „Und warum soll's denn bei Ihnen ein bisschen agiler zugehen?" erhielt ich für ein paar verdutzte Sekunden zunächst keine, und dann die Standardantwort: „…Digitalisierung…Karussell dreht sich immer schneller…stetig steigender Veränderungsdruck des Marktes…"

Aha: Agilität als zwingende Voraussetzung für Überlebensfähigkeit. Das Rezept: Je mehr agile Mitarbeiter, desto agiler und krisenresistenter das Unternehmen. Eine valide Schlussfolgerung? Ich meine nicht.

Agilität ist überbewertet und bewirkt für sich alleine nichts. Genauso wichtig ist in Krisenzeiten nämlich ihr zweieiiges Zwillingsgeschwisterchen: das Beharrungsvermögen. Während die Agilität zukunftsorientiert und veränderungsbereit in die Pedale tritt, sitzt das Beharrungsvermögen behäbig auf dem Gepäckträger und stellt der Agilität einige unbequeme, aber legitime Fragen:

„Bist du dir sicher, wo du hinwillst?"

„Was ist dann besser, wenn du dein Ziel erreicht hast?"

„Mit welchem Minimum an Veränderung und welchem Maximum an Bewahrung kannst du dieses Ziel erreichen?"

Veränderungsprozesse in Unternehmen profitieren nicht von Agilität allein, sondern vielmehr davon, wie mit der Gegensätzlichkeit zwischen Erneuerungsstreben und Bewahrung von Althergebrachtem umgegangen wird. Ohne einen reflektierten Diskurs über Ausmaß und Zweck der angestrebten Veränderung verkommt Agilität zu orientierungslosem Management-Aktionismus. Findet dieser Diskurs nicht am Beginn eines Veränderungsprozesses statt, lässt allein die Erwähnung des Wortes „Agilität" durch das Management die Belegschaft in Angststarre verfallen. Die Bewahrung von Bewährtem ist deswegen wichtig, weil sie Sicherheit schafft – und ohne diese kann Veränderungsbereitschaft in Menschen nicht entstehen.

Du siehst schon: ich bin ein Agilitätskritiker. Worauf meine Abneigung gegen Agilität beruht? Ich zitiere aus einem Zeitungsartikel über nachhaltige Agilitätsentwicklung in Organisationen:

„Ausgehend von dem Agilen Manifest haben wir fünf Dimensionen abgeleitet, die die Eckpfeiler agilen Arbeitens und die Grundlagen von agilen Organisationen darstellen:

1. *Customer Value*: Wie wird ein Lernprozess sichergestellt, um den Wert für den Kunden kontinuierlich zu *maximieren*?

2. *Frequent Delivery*: Wie wird ein *hochfrequenter* Feedbackzyklus erreicht, um *schnelles* Lernen und *schnelle* Adaption des Gelernten sicherzustellen?

3. *Human Centric*: Wie wird erreicht, dass der Mensch in den Mittelpunkt gesetzt wird, weil dies zu *schnelleren* Entscheidungen und höherer Motivation führt?

4. *Technical Excellence*: Welche technische Infrastruktur ist notwendig, um den Prozess optimal in Bezug auf die *Schnelligkeit* und Qualität in der Entwicklung zu unterstützen?

5. *End User Collaboration*: Wie wird ein kontinuierlicher Austausch mit den End-Usern erreicht, sodass deren Geschäftsnutzen *maximiert* wird?"

Wie dieser Absatz demonstriert, geht es bei Agilität lediglich um die Erhöhung der Arbeitsgeschwindigkeit und Nutzenmaximierung. Wie aber kann Kundennutzen *fortwährend* maximiert werden? Wie kann *kontinuierliche* Schnelligkeit nachhaltig sein?

Mir erscheint Agilität als unerfüllbares Heilsversprechen an verzweifelte Führungskräfte, denen die Märkte weg-, die Margen ein- und die Mitarbeiter zusammenbrechen.

Wie wollen wir denn in Ländern wie Deutschland oder Österreich agile Organisationen schaffen, wenn Agilität dort nicht Teil der gesellschaftlichen DNA ist? Wenn unser Bildungssystem nur dazu geeignet ist, Beamte und Funktionäre hervorzubringen anstatt junger Menschen, die sich nach der Decke strecken? Wenn unser Sozialstaat uns den letzten Rest Eigenverantwortlichkeit aberzieht und einer Vollkaskomentalität Vorschub leistet? Wenn Verwaltung und Regulierung überbordend sind? Wenn „Schauen wir mal" die bessere Option ist als „Machen wir´s einfach!"?

Wer in Anti-Agilität sozialisiert wurde, kann nicht ohne weiteres auf Agilität umschalten. Daher werden agilitätsfördernde Konzepte und Maßnahmen nie den gewünschten - geschweige denn einen nachhaltigen - Erfolg bringen.

Unser Bedürfnis nach Aktualität befriedigt eine wichtige menschliche Emotion, die unsere Entwicklung maßgeblich gefördert hat: die Neugier.

Im Zeitalter der Digitalisierung muss allerdings die Frage gestellt werden, wann wir genügend Aktualität konsumiert haben. Brauchen wir jederzeit Nachrichten aus allen Ecken des Planeten? Auf wie viele Newsletter und Blogs können wir verzichten? Brauchen wir sekundenaktuelle Börsenkurse? Wie aktuell und umfangreich soll das Finanzreporting unseres Unternehmens sein?

Unsere technischen Möglichkeiten halten uns so atemberaubend aktuell, dass es sinnvoll scheint, Aktualitätsabstinenz zu üben. Welches Minimum an Informationen benötigen wir, um in unserem Beruf und Privatleben mittendrin und nicht außen vor zu sein; um ein sozial integriertes Leben und nicht das eines Einsiedlers zu führen; um unser Dasein gesund und nachhaltig, anstatt gehetzt und getrieben zu gestalten? Je schneller sich das Informationskarussell dreht und je dicker der Datenwust wird, desto wichtiger wird die Fähigkeit, sich auf das Wesentliche zu konzentrieren und alles andere konsequent auszumisten. Aktualität ist zweifelsfrei reizvoll, das Neueste zu wissen ist sexy. Die Kunst des genussvollen Lebens und des nachhaltigen Arbeitens liegt allerdings darin, das Gleichgewicht zwischen Aktualitätsstreben und bewusster Wissensenthaltsamkeit zu finden.

Wenn wir dem grassierenden Veränderungsdrang in unserer Arbeitswelt etwas entgegensetzen können, um uns zu entschleunigen, dann ist es die Akzeptanz. Was ich damit meine?

Akzeptanz in diesem Sinne bedeutet das Hinnehmen der momentanen Unveränderlichkeit des Status Quo durch unser eigenes Handeln, gepaart mit der Fähigkeit, dieses Nichtstun auszuhalten. Akzeptanz ist eine heilsame Haltung, die ein Durchschnaufen und Reflektieren in schwierigen Situationen ermöglicht. Sätze wie *„Es ist halt so"*, *„Schauen wir mal"* oder *„Das lassen wir mal so stehen"* drücken diese Einstellung kurz und prägnant aus. Die Engländer würden vielleicht sagen *„Let´s cross the bridge, when we are there"*, oder *„Let´s put this thing on the backburner"* – runter mit dem Topf von der Schnellkochplatte, nach hinten schieben, abkühlen lassen und sich später drum kümmern.

Hast du schon einmal probiert, diese Form von Akzeptanz in deinem Job zu leben? Nicht ganz leicht im Zeitalter einer „Yes-we-can-Mentalität", die dich zu Hyperaktivität zwingt. Wenn du nicht dauernd deinen Tatendrang unter Beweis stellst, wenn du nicht jede Herausforderung bei den Hörnern packst, wenn du mal zwischendurch den Herrgott einen guten Mann sein lässt – dann brauchst du mitunter einen breiten Rücken, um das Getuschel der Kollegen („Hat der nix zu tun?") oder die Abmahnung des Vorgesetzen („Legen Sie mal einen Zahn zu, Maier!") auszuhalten.

Akzeptanz hat jedenfalls ihre Berechtigung in organisationalen Transformationsprozessen. Diese laufen nicht erfolgreich, wenn möglichst viel Veränderbares verändert wird. Sie sind dann erfolgreich, wenn möglichst viele sinnvolle Gewohnheiten *beibehalten* werden, und deren organisationale Berechtigung anerkannt wird.

Akzeptanz hat allerdings noch eine Bedeutung, die in unserer Gesellschaft zu erodieren droht: Akzeptanz als Anerkennung und Bestätigung eines Menschen, seiner Leistung oder einfach seiner Existenz; Akzeptanz als Zuerkennen der Daseinsberechtigung; Akzeptanz als Annahme eines Menschen mit all seinen Eigenheiten, Wünschen, Sorgen und Ängsten; dem Andersartigen Respekt zollen und Wertschätzung erweisen.

Diese Form der Akzeptanz ist in der Arbeitswelt enorm wichtig, denn sie bereitet die Basis für Diversität und ist damit ein wirksames Antidot gegen organisationale Monokulturen.

Peter übernimmt gerne mal Aufgaben für Teamkollegen, die diese vom Chef ausgefasst haben und ungerne selbst erledigen. Darauf angesprochen, warum er sich so verhält, antwortet Peter: „Die werden schon auch mal was für mich tun." Macht ihn das zu einem Altruisten, zu einem selbstlosen, aufopferungsbereiten Wohltäter?

Andrea arbeitet in einem Teilzeitjob, der gerade mal ausreicht, um über die Runden zu kommen. Sie verzichtet bewusst auf einen Vollzeitjob, um sich in zwei NGOs engagieren zu können und spendet die Aufwandsvergütung, die sie dort erhält, für gemeinnützige Zwecke. Ist sie eine Altruistin? Gefragt, warum sie das tut, antwortet sie: „Weil es zu wenige Menschen gibt, die sich für eine bessere Gesellschaft einsetzen."

Was ist nun unter Altruismus zu verstehen? Existiert diese vollkommene Uneigennützigkeit überhaupt? Peter handelt aus einer Erwartungshaltung, die auf die Befriedigung seiner eigenen Bedürfnisse gerichtet ist. Er erwartet sich eine Gegenleistung seines sozialen Netzwerks. Sein Antrieb ist daher ein egoistischer. Andreas Begründung klingt da schon gemeinwohlorientierter. Sie handelt aus Pflichtbewusstsein gegenüber der Gesellschaft. Es stellt sich jedoch die Frage, wer ihr diese Pflicht auferlegt hat, und für wen sie sie erfüllt. Wurde sie so sozialisiert? Will sie Glaubenssätzen entsprechen, die sie von ihren Eltern gehört hat? Oder entwickelt sie ein Glücksgefühl, wenn ihre NGO-Kollegen sagen: „Auf die Andrea ist Verlass. Die haut sich voll rein."?

Auch Andrea wird - wie Peter - bis zu einem gewissen Grad eigennützig handeln, da sie durch ihre Arbeit ein positives Echo erhält. Ohne diesen Motivator kann kein Mensch dauerhaft Engagement zeigen, ja nicht einmal existieren.

Der Vorteil selbstlosen Handelns besteht für den Altruisten darin, dass er in seinem Umfeld positive Emotionen weckt und diese in aller Regel zurückgespiegelt erhält. Überdies entsteht in ihm ein Gefühl der Selbstwirksamkeit. Sein Umfeld hingegen profitiert von seiner Vorbildwirkung und möglichen Nacheiferern, denn Gutes und Nützliches zu vollbringen, ist ansteckend.

Der Nachteil der Selbstlosigkeit besteht darin, dass sie in Selbstaufopferung, untergrabenen Selbstwert und enttäuschte Erwartungshaltungen münden kann.

Wer hat nun Recht mit seiner Definition von Altruismus? Aristoteles, der meint: „Der ideale Mensch ist der, der anderen einen Dienst erweisen kann."? Oder Oscar Wilde, der meint: „Die meisten Menschen verderben sich ihr Leben selbst durch einen gewissen ungesunden, forcierten Altruismus."?

ANERKENNUNG UND WERTSCHÄTZUNG

Es war einmal ein Unternehmen, das Wertschätzung zum höchsten Gut seiner Organisationskultur erhoben hatte. Manche Mitarbeiter verstanden das so, dass alle alles machen durften, solange sie sich wertschätzend verhielten. Andere verstanden es so, dass jede Entscheidung im Kollektiv getroffen werden müsse und jeder von der Graswurzel bis zur Baumkrone partizipieren dürfe. Wieder andere setzten „mangelnde Wertschätzung" als Keule gegen jene ein, die entscheidungsfreudige, umsetzungsorientierte Individualisten waren. Die Frage nach Konflikten im Unternehmen wurde von allen kategorisch verneint – schon allein die Frage danach war offenbar nicht wertschätzend. Kontrollmechanismen wurden als Misstrauensvotum gegen die Mitarbeiter gesehen, kritische Fragen wurden als Störung der rosaroten Wertschätzungswolke empfunden. Der Vorstand ließ die Mitarbeiter gewähren, denn anderen etwas anzuschaffen, wäre ja nicht wertschätzend gewesen. Er wich von dieser Laissez-Faire-Politik auch nicht ab, als der Laden den Bach runterging. Wenig verwunderlich, dass dieses Unternehmen heute nicht mehr existiert.

Anerkennung, Wertschätzung, Beachtung, Respekt – Begriffe, die eine Vielzahl an Interpretationen zulassen. Was ist wirklich darunter zu verstehen?

Wertschätzung ist eine Investition in nachhaltige Beziehungen, was bedeutet, dass wir erwarten dürfen, Anerkennung zurückzubekommen. Wertschätzung ist keine Einbahnstraße – sie hat nichts mit dem Gebot der Nächstenliebe zu tun. Eine nachhaltige Beziehung lebt schließlich von einer emotionalen Balance und davon, dass keiner der Beteiligten das Gefühl hat, zu kurz zu kommen.

Wertschätzung wird am besten symbolisiert durch ein Schwert mit einer stumpfen und einer scharfen Schneide:

Die stumpfe Seite symbolisiert Anerkennung und Respekt, die wir unserem Gegenüber zuteilwerden lassen. Die stumpfe Seite gebrauchen wir, solange die Beziehung im Lot ist und Konsens herrscht. Die scharfe Schneide symbolisiert die harte Kante in der Kommunikation. Diese setzen wir ein, um unserem Gegenüber unsere Emotionen und Interessen mitzuteilen, wenn die Beziehung in einen Konflikt gekippt ist. Wir weisen unseren Konfliktpartner auf unsere Bedenken in Bezug auf sein Handeln hin. Wir zeigen ihm auf, dass er uns mit seinen Aussagen verletzt hat. Wir ziehen eine klare Grenze und sagen: „Bis hierher und nicht weiter".

Klare Ansagen in Streitgesprächen mögen vielleicht als harte Bandagen empfunden werden, sind allerdings durchaus wertschätzend. Wir teilen unserem Konfliktpartner nämlich dadurch mit, dass wir trotz - oder gerade wegen - des Streits noch in die Beziehung investieren wollen. Wäre uns dieser Mensch egal, würden wir den Streit nicht der Mühe wert finden, sondern uns einfach abwenden. Indem wir den Streit mit ihm ausfechten, anerkennen wir seine Existenz und seine Anliegen, auch wenn wir in der Sache unterschiedlicher Meinung sind.

Ihr merkt schon: Gewaltfreie Kommunikation heißt nicht, dass in einem Konflikt keine Drohungen aufgebaut werden dürfen. Solange diese die persönliche Würde der Beteiligten nicht verletzen, sind sie akzeptabel. Solange dem Konfliktpartner gleichzeitig mit Anreizen und Ideen eine Brücke zu einer beidseitig akzeptablen Lösung gebaut wird, stellen Drohungen einen legitimen und effizienten Baustein in der Konfliktschlichtung dar.

Jede Organisation hat ihre Konflikte. Gerade solche Unternehmen wie jenes, das ich eingangs beschrieben habe, stecken voller latenter Konflikte. Diese dürfen aufgrund der Streichelkultur nie an die Oberfläche kommen, stauen sich daher über lange Zeit auf und richten schließlich umso größeren organisationalen Schaden an. Sie sind vergleichbar mit Vulkanen, die nur alle heiligen Zeiten ausbrechen, dann aber mit einem ordentlichen „Wumms".

Der erste Schritt zu Anerkennung und Wertschätzung im organisationalen Zusammenleben ist daher die Entwicklung einer „Dissenskultur". Es geht also um die Frage „Wie gelingt Kooperation, obwohl wir uns andauernd befetzen?", wie es ein CEO einst mit einem Ausdruck der Hilflosigkeit nannte.

Anerkennung zu bekommen, ist wohltuend. Du kennst das Gefühl: Stärke durchströmt dich; die Brust schwillt; du lachst, und vielleicht weinst du auch Tränen des Glücks. Das Atmen fällt leicht, Ruhe kehrt ein, du fühlst dich befreit. *Befreit?* Moment mal – warum fühlst du dich *befreit?*

Du spürst in dich hinein. Tatsächlich – eine Last ist von deinen Schultern gefallen. Du fängst an nachzudenken. Wenn Anerkennung für dich ein Tonikum ist, das dir Leichtigkeit beschert, heißt das nicht, dass du dich vorher auf der Suche nach ebendieser Droge unter Druck gesetzt hast? Gottseidank hast du bekommen, was du wolltest. Nicht auszudenken, wenn es anders gekommen wäre. Wenn die Wertschätzung ausgeblieben wäre. Was hätte das dann mit dir gemacht?

Du denkst nach. Hättest du den Mangel an Anerkennung schulterzuckend weggesteckt? Hättest du dich ein bisschen über jene Menschen geärgert, von denen du dir Anerkennung erwartet hast? Oder wärst du gar in ein bodenloses Loch gefallen und hättest du dein Schicksal, von der Welt nicht beachtet zu werden, beweint?

Anke hat eine durchwachsene Karriere hinter sich. Mit viel Bauchschmerzen hatte sie ihr Jura-Studium absolviert, um sich schlussendlich gegen eine Karriere als Juristin zu entscheiden. Stattdessen übernahm sie das Projektmanagement bei einem Eventveranstalter. „Stressig war's in der Eventbranche", berichtete sie mir, und versuchte einen möglichst neutralen Ton zu bewahren. Die Emotionen in ihrer Stimme verrieten sie jedoch. „In ihrem Job scheint es nicht bloß *stressig* gewesen zu sein", dachte ich.

Und dann brach es aus Anke hervor. „Es war nicht nur der normale Termindruck, der mir das Arbeiten verleidet hat. Es war mein Chef. `Warum bist du so langsam´, herrschte er mich an. `Die anderen Kollegen sind ein bisschen zackiger´." Es stellte sich heraus, dass Anke nach Ansicht ihres Vorgesetzten nicht bloß zu langsam war. Sie liess sich auch nicht gern was sagen von ihm, ging oft unabgestimmt vor, machte ihr eigenes Ding und war halt so gar keine Teamplayerin. „Anerkennung war ein

Fremdwort für ihn", meinte sie betrübt. Den Kopf neigte sie dabei zur Seite, in ihren Augen war ein feuchter Schimmer zu erkennen, sie wurde still.

Burn-out mit 35. Dann Orientierungsphase. Nun Fachlehrgang für Altenpflege. „Als Praktikantin gehe ich nun mit alten Leuten spazieren." Ich konnte dabei keine Freude in ihrer Stimme entdecken. Tatsächlich bemerkte Anke im Nachsatz: „Keine Ahnung, ob dieser Job der richtige ist für mich. Langsam macht sich Fadesse breit. Ich bin doch noch so jung, möchte Bäume ausreißen."

Jung? Mit Ende 30 in unserer Arbeitswelt nicht mehr. Bäume ausreißen? Nach einem Burn-out kein gesundes Vorhaben.

Ich entschied mich, nicht nach den Beweggründen zu fragen, die sie in die Pflegeausbildung getrieben haben. Das ist die Vergangenheit – die lassen wir ruhen, die kann nicht mehr geändert werden. Stattdessen fragte ich, welche Perspektive ihr denn ein anderer Job bieten müsse. Anke antwortete wie aus der Pistole geschossen: „Ich möchte einen sicheren Job. Einen, der endlich mal gut bezahlt ist. Nicht nur von der Hand in den Mund leben. Einen Job mit Entwicklungsmöglichkeiten, in dem ich endlich die Anerkennung erfahre, die ich verdiene."

Die eierlegende Wollmilchsau also. Das Überraschungsei, das alle Kinderwünsche erfüllt. Weihnachten, Ostern und Geburtstag in einem – und das jeden Tag. Das war's, was Anke sich wünschte. Die Vehemenz und Geschwindigkeit, mit der sie ihre Antwort formuliert hatte, zeigte mir, dass sie sie regelrecht eintrainiert hatte. Ihre Gedanken schienen immer um dasselbe Thema zu kreisen: „Geld – Aufstieg – Anerkennung, Geld – Aufstieg – Anerkennung, Geld – Aufstieg – Anerkennung."

Diese Werthaltungen hatten sich offensichtlich über sehr lange Zeit in ihr Gehirn eingebrannt.

Ich teilte Anke meine Beobachtung mit. Erschrocken blickte sie mich an, dann senkte sie resignierend den Kopf. „Ja, stimmt – Geld ist wichtig für mich, weil's davon in meiner Familie nie genug gab." Ich wiegelte ab – die Frage, *warum* etwas wichtig ist, ist vergangenheitsbezogen. Wir wollten doch über Ankes Zukunft sprechen. Ich wies Anke darauf hin, dass Geld, Karriere und Anerkennung eine unheilige Dreifaltigkeit darstellen. Diese Götzen anzubeten, lohnt sich nicht. Vor allem nicht, wenn man schon einmal eine Stresserkrankung ausgefasst hat. Kohle und Karriere mit Anerkennung gleichzusetzen, lohnt schon überhaupt nicht. Und dauernd der Anerkennung durch andere nachzulaufen, heißt doch, dass Anke nicht mit sich zufrieden ist. „Oder wie sehen Sie das, Anke?", fragte ich eindringlich und provokant.

Schweigen.

Ich half nach:

„*Wozu* wollen Sie arbeiten gehen?", fragte ich sanft.

„Damit ich mit dem, was ich mache, zufrieden bin?", antwortete Anke verzagt.

„Wenn Sie in ihrer Arbeit Erfüllung finden und mit ihrer Leistung zufrieden sind, steigert das Ihr Wohlbefinden und Selbstvertrauen. Emotionen wirken außerdem ansteckend – Sie geben diese Gefühle an Ihr Umfeld weiter und profitieren wiederum von den positiven Reaktionen Ihrer Kollegen. Was ist daher Ihre wichtigste Aufgabe?"

„Die Messlatte für meinen eigenen Erfolg abzusenken, um zufriedener zu sein", entgegnete sie.

„Und was ist Ihre zweitwichtigste Aufgabe?"

Schweigen.

„Selbstschutz", meinte ich und beantwortete damit meine Frage. „Sie waren bereits einmal krank, und wir wollen verhindern, dass es wieder passiert. Es könnte daher günstig für Sie sein, wenn Sie Ihre Messlatte in dreierlei Hinsicht ein wenig absenken. Geld? Begnügen Sie sich mit einem Gehalt, das ihre Lebenshaltungskosten deckt. Aufstiegschancen? Karriere braucht Kraft – und nur Sie wissen, wieviel Anstrengung Sie mit Ihrer Vorerkrankung vertragen. Anerkennung? Lieben Sie sich selbst, und die Herzen der anderen werden Ihnen zufliegen."

Anmut, Charme, Eleganz? Hmmm. Auf den ersten Blick keine Werte, die in der Arbeitswelt eine große Rolle spielen. Die assoziiert man doch eher mit Kunst, oder? Mitnichten!

Anmut begeistert uns, reißt uns förmlich hin, ist ein Sympathieauslöser und macht unser Leben leichter. In welcher Form finden wir Anmut in unserem Büroalltag?

Da wäre zunächst einmal die Eloquenz, mit der die Kollegin ihre Vorstandsanträge vorträgt. Ihre kristallklare Sprache scheint ein Garant dafür zu sein, ihre Geschäfte genehmigt zu bekommen. Da wäre dann auch noch der Kollege, der selbst in Krisensituationen mit den Augen zwinkert und Konflikte mit Charme spielend deeskaliert. Und da fällt mir auch noch die Chefin ein, die ihre Teamsitzungen nicht als Boss, sondern als einladende Gastgeberin anlegt. Mit scheinbarer Leichtigkeit und Nonchalance schafft sie für ihre Mitarbeiter - pardon: Gäste - eine kreativitätsbeseelte Wohlfühlatmosphäre.

Was wäre die Arbeitswelt ohne diese bewundernswerten Mitmenschen, die unser ästhetisches Empfinden anzusprechen vermögen? Graue, eintönige Fließbandarbeit!

Was wäre Wirtschaft ohne Anmut? Wir würden nicht viel verkauft kriegen – weder unsere Produkte noch uns selbst. Unser (Selbst-)Marketing lebt schließlich von Koketterie, Charme, Eleganz, hochglanzpolierter Noblesse, ostentativer

Leichtigkeit und *Coolness*. Hand aufs Herz - darauf kommt´s doch an, wenn man Erfolg haben will, nicht wahr? Wir können kompetent sein wie drei Nobelpreisträger, aber es sind diese Eigenschaften, die uns den Eintritt in die Karrierewelt erleichtern.

Wie wichtig Ansehen in der Arbeitswelt ist, merken wir meist, wenn es verloren geht. Reputationsverlust bedeutet Ausgrenzung, soziale Ächtung und ein Absinken in die Bedeutungslosigkeit. Das Drohpotential verlorenen Renommees bewirkt bei vielen Führungskräften mehr als Strafverfahren und zivilrechtliche Haftung: Ansehensverlust als Rute im Corporate-Governance Fenster, die die Einhaltung von Wohlverhaltensregeln einmahnt.

Wodurch entsteht Ansehen? Durch eine repräsentative Anzahl von Menschen, die einer anderen Person aufgrund ihrer sozial erwünschten Eigenschaften dauerhaft Beachtung schenken und Bewunderung aussprechen.

Dabei ist Ansehen durchaus subjektiv und kontextbezogen: während dem einen Unbescholtenheit und Handschlagqualität zum Renommee gereichen, gelten in einem anderen Milieu Durchsetzungskraft und populistische Marktschreierei als förderlich.

Ansehen kann aus eigener Kraft geschaffen werden oder durch Zugehörigkeit zu einer angesehenen Gruppe auf einen Menschen abfärben. Ansehen kann gewollt sein und durch Geltungsdrang erarbeitet werden, oder aber auf nicht angestrebter Zuschreibung durch andere basieren.

Ansehen kann unseren Selbstwert steigern, aber auch zur Belastung mutieren. Nämlich dann, wenn mit dem Ansehen eine Erwartungshaltung unserer Mitmenschen einhergeht, der wir nicht zu entsprechen vermögen. Führungskräfte, die in eine neue Position wechseln, sind daher gut beraten, *Expectation Management* zu betreiben. Ansonsten laufen sie Gefahr, rasch zu verglühen. Was ich damit meine, zeigt das Beispiel von Rüdiger:

Rüdiger wurde aus Deutschland geholt, um ein österreichisches Unternehmen zu restrukturieren. „Endlich Vorstand", dachte sich Rüdiger, der bislang nur Positionen im mittleren Management bekleidet hatte. Nichts hatte er sich sehnlicher gewünscht, als den Vorstandssessel. Der Stolz auf den *Top Job* war ihm anzusehen. Nun spielte er in der Liga, in der er sich verdientermaßen selbst sah. Um Rüdiger den Einstieg zu erleichtern und die Personalentscheidung zu rechtfertigen, kündigte ihn der Aufsichtsratsvorsitzende des Unternehmens als „Top Sanierer" an. Die Latte lag somit ziemlich hoch.

Rüdiger merkte allerdings bald, dass Ansehen nichts ist, was automatisch mit dem Titel „Vorstandsvorsitzender" auf der Visitenkarte entsteht. Ansehen will hart erarbeitet werden, braucht Geduld – und viel Sozialkompetenz. Und die war nun wirklich nicht Rüdigers Stärke. Mit dem Hammer dreinzuhauen, war schon eher seines. An Empathie mangelte es ihm auch, und so vermochte er die widerstreitenden Interessen unter den Aktionären, Vorstandsmitgliedern und Belegschaftsvertretern nicht zu erkennen. Er verstrickte sich in einem toxischen Gemenge unterschiedlicher Erwartungshaltungen seiner *Stakeholder* und konnte keiner entsprechen. In panischer Angst um seinen Job versprach er allen alles. Sein

Verhalten wurde immer erratischer, er traf keine oder halbherzige Entscheidungen, eine klare Strategie war nicht erkennbar.

Nach sechs Monaten wurde Rüdigers Vertrag aufgelöst, sein Ansehen in der Branche war nachhaltig beschädigt. Es dauerte Jahre, bis er beruflich wieder Fuß fassen konnte. Hätte sich Rüdiger dieses Schicksal ersparen können?

Er hätte das Gespräch mit seinen *Stakeholdern* suchen können, um ihnen zu kommunizieren, was er leisten *will* und leisten *kann*. Er hätte sich um Auftragsklärung bemüht und die unterschiedlichen Erwartungen an einen „Top Sanierer" abgleichen können. Ansehen will eben mit viel Offenheit und Kommunikationsgeschick erarbeitet werden.

Anna ist Juristin in einer Wirtschaftsrechtskanzlei und vertritt Klienten in strafrechtlichen Angelegenheiten der Unternehmensführung. Untreue, und all diese Dinge. Anna ist manchmal überwältigt von der Normenflut, mit der Führungskräfte in der Wirtschaft seit einigen Jahren kämpfen, und von der detailorientierten Regulierungswut, der einige Branchen ganz besonders ausgesetzt sind. „Könnten wir nicht auf viele Paragrafen verzichten, wenn die Menschen einfach ein bisschen anständiger wären?", fragt sie sich.

Zu Zeiten Senecas galt noch der Spruch „Was das Gesetz nicht verbietet, verbietet der Anstand" – allgemein anerkannte Regeln der Sittlichkeit und Tugendhaftigkeit als oberste Mahner für gesellschaftlich erwünschtes Verhalten also, die von Generation zu Generation weitergegeben wurden. „Nun ja", denkt sich unsere Wirtschaftsjuristin, „die Römer kannten noch keine superkomplexe Wirtschaftsordnung wie die heutige. Die konnten die Regelungslücken noch mit Anstand auskitten."

Aber ist es tatsächlich so, dass eine vielschichtige Gesellschaft ein komplexes Rechtssystem benötigt? Sind wir nicht gerade wegen der zunehmenden sozialen Komplexität aufgefordert, uns auf die *Basics* für unser Zusammenleben zu besinnen und drüber nachzudenken, was denn eigentlich anständiges Verhalten bedeutet?

Hand aufs Herz – gilt heutzutage angesichts unserer Wirtschaftsskandale nicht eher: „Was das Gesetz nicht verbietet, kann doch nicht unanständig sein"?

Seneca würde sich im Grab umdrehen. Er sah den Anstand als höhere Macht mit normativer Kraft, die das positive Recht ergänzte.

Heute jedoch scheint der Anstand eine goldene Krawattennadel zu sein, die wir uns für öffentliche Auftritte anstecken, um sie ansonsten in einer dunklen Schublade verschwinden zu lassen. „Und Rechtskenntnis dient heute nicht mehr der Rechtstreue, sondern der Auslotung von Umgehungsmöglichkeiten", denkt Anna und ist manchmal nicht besonders stolz auf ihren Berufsstand.

ÄSTHETIK

Die Lehre der Ästhetik versucht zu ergründen, welcher Gesetzhaftigkeit die sinnliche Wahrnehmung unterliegt und warum wir etwas schön finden. Einfacher gesagt: Warum mögen wir das eine, während wir das andere nicht mögen? Warum wirkt das eine auf uns, während uns das andere kalt lässt?

Ästhetik ist ein wichtiger Treiber für die Kommerzialisierung unseres Verhaltens. Sie wird gerne benutzt, um unser Konsumverhalten zu steuern. Welchen Nutzen aber kann Ästhetik in der Arbeitswelt entfalten?

Die ästhetische Gestaltung von Büroräumlichkeiten kann einen Beitrag dazu leisten, dass sich Menschen, die von Transformation und Unsicherheit geplagt sind, in ihrem Arbeitsumfeld wohlfühlen – modernes Office Design etwa, das die Individualität der Mitarbeiter respektiert, ihrem ästhetischen Empfinden Freiraum gibt und eine individuelle Gestaltung des Arbeitsplatzes zulässt. Genauso wie Sprache und Verhalten der Kollegen die Unternehmenskultur prägen, so tun es auch architektonische Maßnahmen: Rückzugskojen; in den Arbeitsalltag integrierte Kunstausstellungen; Raumgestaltung, die Silos aufbricht und Organisationseinheiten verbindet.

Wie kannst *du* dem ästhetischen Empfinden deiner Kollegen gerecht werden? Was ist *dein* Beitrag, um den Wohlfühlfaktor im Büro zu verstärken?

Nein, ich meine natürlich nicht, dass du dich regelmäßig waschen und deine Zähne putzen sollst. Ich denke eher an die Lehre der Informationsästhetik. Sie besagt, dass diejenigen Dinge als attraktiv und interessant wahrgenommen werden, die unser Gehirn stimulieren, aber es nicht überfordern. Bevor du jetzt wieder anfängst, über dein Äußeres nachzudenken: versuche stattdessen, deine Gesprächspartner mit kristallklarer und geschliffener Sprache zu beeindrucken; würze deinen Humor mit Ironie; sprich in Gleichnissen, die auf dein Publikum zugeschnitten sind und veranlasse so deine Mitmenschen, „um die Ecke" zu denken; wenn alle durcheinanderplärren, interveniere mit intelligenten Fragen und hilf so deinen Kollegen, wieder zu fokussieren; tu mal was, das die anderen als nicht alltäglich, aber nützlich betrachten. *„Step out of the box"*, wie der Engländer sagt.

Kultiviere dein ästhetisches Empfinden und suche gezielt nach dem Ansprechenden, nach „Sinnesschmeichlern" – Dingen, die deine Umgebung lebenswerter machen. Dekoriere deine Welt mit Blumen, Musik, Gemälden oder technischen Artefakten. Entwickle deine Kreativität durch Malen, Schnitzen oder Gartengestaltung. Du wirst erfahren, dass ein solches Sinnestraining auch deine Wertschätzung für hochwertige Arbeit und reibungslos ablaufende Prozesse steigert.

Ästhetik ist für mich einer der ausschlaggebenden Treiber für Qualität und eine Voraussetzung für gelingendes Qualitätsmanagement.

Alisa ist sehr mitteilsam. Bereitwillig fängt sie mit jedem ein Gespräch an und erzählt offenherzig aus ihrem spannenden Leben. Reicht das aus, um Alisa als aufgeschlossenen Menschen zu bezeichnen?

„Viel über sich zu reden, kann auch ein Mittel sein, viel von sich zu verbergen", hat ein deutscher Philosoph einst gesagt. Informationen über sich preiszugeben, kann aber auch die Gesprächspartner anregen, mehr von sich zu erzählen, wusste schon Macchiavelli. Wer viel erzählt, erfährt auch viel.

Alisa redet aber nicht nur über sich selbst, vielmehr ist sie neugierig und interessiert. Sie ist Meisterin darin, anderen Menschen offene und absichtsfreie Fragen über deren Leben zu stellen. Dabei fragt sie mit einer augenzwinkernden Leichtigkeit, und ihre Gesprächspartner öffnen sich sofort wie ein Buch. Alisa ist also ein erlebniswilliger und erlebnisfähiger Mensch. Aber ist sie deswegen auch aufgeschlossen – oder braucht´s noch etwas anderes?

Alisa hat auch die Fähigkeit, fremden Standpunkten mit Staunen zu begegnen. Sie bewertet Aussagen nicht, teilt sie nicht sofort in die Kategorien „Mag ich" oder „Mag ich nicht" ein. Vielmehr denkt sie sich: „Echt jetzt? Das gibt´s? Wow – so hab´ ich das noch gar nicht betrachtet."

Vorurteilsfreies Denken abseits eingefahrener Spurrinnen und die Bewertung ihrer Gedanken *nach* Würdigung aller verfügbaren Informationen – das ist es, was Alisa zu einem aufgeschlossenen Menschen macht.

AUTHENTIZITÄT UND GLAUBWÜRDIGKEIT

Francine kommt gerade von einer Belegschaftsversammlung, auf der sich die neue Unternehmensführung vorgestellt hat. Nach einigen Turbulenzen wurden ein erfahrener CEO und eine dynamische CFO+COO bestellt. „Coole Typen", denkt sich Francine und ertappt sich bei dem Gedanken, dass sie das über die alte Führung wohl nie gesagt hätte. Aber was genau ist es, das die beiden Vorstände „cool" wirken lässt?

Francine diskutiert mit ihren Kolleginnen: „Die sind einfach *echt*, Menschen wie du und ich". „Die sagen, was sie glauben und glauben, was sie sagen." „Die stehen für ihre Überzeugung ein." Mit einem Wort – diese coolen Typen sind authentisch.

Sie kommunizieren und handeln in Übereinstimmung mit ihren persönlichen Werten. Sie kennen die Motivatoren, die sie antreiben sowie die Ziele, die sie anstreben. Sie sind ehrlich mit sich und mit anderen. Solche Führungskräfte strahlen Selbstvertrauen aus, und ihre Mitarbeiter bringen ihnen Vertrauen entgegen. Sie vermitteln Klarheit und Stabilität und verfügen damit über wichtige Eigenschaften, um Veränderungsprozesse erfolgreich zu gestalten.

Authentische Menschen sind - wie vorher erwähnt - sehr werteorientiert. Sie in eine Organisation zu integrieren, die andere Werte als die ihren hochhält, kann sich als schwierig erweisen und hat oft auf beiden Seiten Frustration zur Folge.

Authentische Menschen zahlen mitunter einen hohen Preis für ihre Authentizität: sie suchen permanent nach einem Arbeitsumfeld, in dem ihre eigenen Werte hochgehalten werden und erfahren Enttäuschung und Demotivation, wenn sie diese Werte nicht vorfinden.

Glaubwürdigkeit entsteht dadurch, dass wir den eigenen Worten entsprechende Taten folgen lassen und Handlungen setzen, die mit unseren Äußerungen kongruent sind. Sagen, was man tut und tun, was man sagt – meinen die einen. Andere wiederum vertreten die Ansicht, eine Person oder Information sei glaubwürdig, weil sie als wahr, richtig und echt – kurz: als individuell annehmbar - empfunden wird.

Glaubwürdigkeit ist allerdings nicht das Ergebnis rationalen Abwägens oder einer Objektivitätsanalyse. Wie das Wort schon sagt: Es geht darum, ob ein Mensch unseres *Glaubens* würdig ist – ohne *Beweise* erbringen oder *Fakten* nachweisen zu müssen. Glaubwürdigkeit ist also vielmehr als Ergebnis einer emotionalen als einer rationalen Bewertung durch diejenigen, die willens sind, zu glauben. Was ich damit meine, zeigt die Geschichte von Anne-Marie:

Anne-Marie denkt nach, warum sie dem Bürgermeister ihrer Gemeinde bei der letzten Wahl wieder ihre Stimme gegeben hat. Weil er so viel „Wahres" und „Richtiges" gesagt hat? Wohl kaum – der Bürgermeister hatte genauso viel unfundierten Blödsinn von sich gegeben wie viele andere Politiker. Aussagen also, die Anne-Marie spätestens auf den zweiten Blick durchschaut und als unzutreffend entlarvt. Hat sie ihn gewählt, weil er einen guten *Track Record* aufgebaut hat, also seine Versprechen eingelöst und zu seinen Aussagen gestanden hat? Auch das trifft nicht unbedingt zu – denn einige Wahlversprechen wurden nicht realisiert. „Warum dann?", denkt Anne-Marie.

„Wohl deswegen, weil sich der Bürgermeister so gibt, wie´s mir gefällt. Er spricht meine Werte an und holt mich emotional ab. Er ist halt einer wie ich." Seine Glaubwürdigkeit würde er bei ihr wohl erst verspielen, wenn er grob gegen Anne-Maries Werte verstoßen und damit nachhaltig negative Emotionen in ihr auslösen würde.

Glaubwürdigkeit ist eben eine subjektive Herzensangelegenheit.

Karl-Heinz kommt gerade aus einer Teamsitzung. Eigentlich hat er nach so langer Betriebszugehörigkeit nicht mehr daran geglaubt, dass sich in diesem Laden nochmal etwas ändern würde. Aber gerade, als er dabei war, sich in die „innere Pension" zu verabschieden, wurden drei bislang konkurrenzierende Arbeitsbereiche zusammengelegt und unter einheitliche Leitung gestellt. Ein Projekt, das Karl-Heinz schon immer für sinnvoll erachtet hatte. Das Beste daran war allerdings, dass die Leitung einer jungen Quereinsteigerin überantwortet wurde.

„Moment mal", überlegt Karl-Heinz, „habe ich das gerade wirklich gedacht?" Und er entdeckt überrascht, dass er ein kleines bisschen begeistert ist. Woran mag das wohl liegen?

Die Neue ist so ganz das Gegenteil seines alten Vorgesetzten. Karl-Heinz merkt ihr Leidenschaft für die neue Funktion an, sie strahlt Zuversicht aus und kommuniziert ihre Strategie mit Leichtigkeit und Charme. „Ja", denkt Karl-Heinz, „es ist diese Leichtigkeit, die ich in all diesen Jahre vermisst habe." Und er beginnt zu verstehen, dass seine Chefin ihn „emotional abgeholt" hat, indem sie sein unerfülltes Bedürfnis angesprochen hat.

Jemanden zu begeistern heißt nämlich nichts anderes, als in dieser Person Interesse zu wecken oder ihre Bedürfnisse zu stillen, und dadurch große Freude hervorzurufen. Begeisterung ist Doping fürs Gehirn und die Basis für solch wundervolle Dinge wie Motivation, Ausdauer, Zukunftsorientierung, Kooperationslust und Teamgeist.

Begeisterung führt schlussendlich auch dazu, dass sich sogar alte „Schlachtrösser" wie Karl-Heinz ins Büroleben reintegrieren und gerne neue Herausforderungen annehmen.

BEHARRLICHKEIT

Sabine tritt an ihren neuen Schreibtisch. Nachdenklich nimmt sie im Chefsessel Platz und lässt ihre Gedanken an den Beginn ihrer Karriere zurückdriften. Hätte sie sich damals gedacht, jemals in diese Position zu kommen? Welche ihrer Eigenschaften haben sie dabei unterstützt?

Sie wollte immer schon in dieser Branche arbeiten und hat Leidenschaft für ihren Beruf empfunden. Sie hat seit ihrem Studium gewusst, was sie mal werden will, und hat es andere in ihrem Umfeld wissen lassen. Ja, Begeisterung und Authentizität sind sicherlich die Treiber für ihren Erfolg. Aber da ist auch ihr felsenfester Wille. „Aufgeben tut man einen Brief", hat schon ihr Vater gesagt. Durchhaltevermögen hat Sabine, egal ob es darum geht, ihre Fachkenntnisse stetig zu verbessern oder ihr soziales Netzwerk zu pflegen. Sabine weiß, dass Ausdauer und Unermüdlichkeit ihre hervorstechendsten Eigenschaften sind.

Zuletzt hat sie allerdings an sich auch Verbissenheit, Sturheit und Borniertheit bemerkt – Eigenschaften, die eine Übersteigerung von Ausdauer darstellen. Nicht unbedingt gesundheitsfördernd, und auch das Sozialleben leidet darunter. „Aber diese Attribute habe ich in meiner Position nicht mehr notwendig", denkt sie mit einem selbstzufriedenen Lächeln und gelobt, sich nicht mehr so hart anzutreiben.

Sonja blickt auf ihr erfolgreiches Berufsleben zurück. Was war eigentlich ausschlaggebend dafür, dass sie in den letzten Jahren immer wieder befördert wurde? Welche Eigenschaften wurden ihr in Beurteilungsgesprächen besonders häufig zugeschrieben?

„Die Stimme der Vernunft ist leise", sagte einmal ein Vorgesetzter in Anlehnung an Sigmund Freud, „aber Ihre ist laut." Sonja wurde besonders oft als umsichtig, reflektiert und vernünftig bezeichnet. Sie ist bekannt dafür, in schwierigen Situationen kühlen Kopf zu bewahren und analytisch Lösungswege aufzuzeigen. „Eine wichtige Voraussetzung für Krisenfitness ist Besonnenheit", hatte ihr Coach einst zu ihr gesagt, „denn sie lässt dich Lösungsoptionen sehen, die anderen verschlossen bleiben, und stärkt auch deinen Selbstschutz in schwierigen Situationen." „Ja, das ist wohl eine meiner Stärken", denkt Sonja. Allein mit Besonnenheit kommt man im Wirtschaftsleben allerdings nicht weit.

Sonja kann sich erfolgreich präsentieren und scheut auch nicht davor zurück, für ihre Ideen und Überzeugungen lautstark einzutreten. Und natürlich kann sie ihre Lösungen auch umsetzen. „Ein besonders hohes Maß an Handlungskompetenz" wurde ihr in einem 360°-Feedback einmal attestiert.

Sonja begeistert ihr berufliches Umfeld also mit Besonnenheit und Umsetzungsstärke, einer seltenen Kombination. Selten deswegen, weil Menschen mit besonders starken kognitiv-reflexiven Fähigkeiten meist nicht diejenigen sind, die die Dinge wirklich anpacken und durchziehen – und vice versa. Wie hatte Friedrich Schiller schon gesagt? „Wer gar zu viel bedenkt, wird wenig leisten." Und das wäre ja nicht so karriereförderlich, oder?

Was jetzt – Chaos soll ein Wert sein? In unserer Gesellschaft ist das Wort doch eher negativ besetzt. Jemanden einen „Chaoten" zu nennen, ist despektierlich gemeint. Die alten Griechen bezeichneten mit „Chaos" schließlich den Zustand völliger Verwirrung und Unordnung, während „Kosmos" für sie die gottgewollte vollendete Ordnung repräsentierte.

Melvin ist als Programmierer bei einem Start-Up im Bereich der künstlichen Intelligenz tätig. „Verwirrung und Unordnung, das trifft *legit* auf mein Unternehmen zu", schmunzelt er. Jeder Tag bringt etwas Neues, Unvorhergesehenes. Jeder Tag ist anders, und es gibt keine Strukturen, die auch nur ein bisschen Ordnung, Gleichförmigkeit oder Routine schaffen würden.

Melvin findet das gut, alles andere würde seine Kreativität behindern. Er bestimmt selbst, was er wie, wo und wann macht – solange es dem Kundennutzen dient, ist er sein eigener Herr. Klar, wo Strukturen fehlen, existieren auch keine Prellböcke für kollidierende Interessen. Heftige Debatten und Konflikte mit den Kollegen sind daher an der Tagesordnung, der Umgangston ist rau. Irgendwie reguliert sich dieses Chaos immer wieder von selbst, und bevor Projekte scheitern, werden Lösungen gefunden, mit denen alle leben können.

Dass auch die Gründer seines Unternehmens offensichtlich Vertrauen in diese Selbstregulierungsfähigkeit haben, findet Melvin cool. Nie könnte er in einem Großunternehmen mit all seinen Hierarchien, Strukturen und Zwängen arbeiten.

Kann es förderlich sein, etwas mehr Chaos im Leben zuzulassen? Ich meine, es könnte hilfreich sein, nicht alles ordnen, regulieren und beherrschen zu wollen; nicht alles in vorgedachte Kästchen zu pressen; den Dingen mal ihren Lauf zu lassen. Vielleicht stärken wir dadurch unsere Fähigkeit, mit Widersprüchlichkeiten, Unwägbarkeiten und Krisen gelassener umzugehen. Nehmen wir regelmäßig eine kleine Dosis Chaos zu uns, lässt sich das große Chaos unseres Lebens leichter ertragen.

Chaos zu meistern bedeutet, die Einsicht zu gewinnen, dass nichts so kommen muss, wie wir es uns vorstellen - eine überlebenswichtige Haltung für Menschen, die vor großen Herausforderungen stehen.

Hannah ist ihren Kolleginnen dankbar, wenn sie ihr einen Gefallen erweisen, also wenn sie beispielsweise für Hannah einen Schichtdienst übernehmen. Jan hingegen ist im Großen und Ganzen zufrieden mit sich selbst und der Welt. Er ist dankbar für jeden Tag, den er erleben darf.

Welche Dankbarkeit fühlst du? Ist deine Dankbarkeit eine situative und bedingte – wie die von Hannah? Oder ist sie eine immerwährende, aus einer inneren Haltung kommende – wie jene von Jan?

Dankbarkeit kann viel für dich tun. Sie entfaltet allerdings keine Wirkung, wenn sie aus anerzogener Höflichkeit geschuldet wird oder du eine Gegenleistung dafür verlangst. Dankbarkeit lässt dann Zufriedenheit entstehen und führt zu glücklichen Beziehungen, wenn sie ungezwungen und bedingungslos ist.

Das Beste an dieser Form der Dankbarkeit ist, dass sie eine positive Verstärkung in Gang setzt: Dankbarkeit führt zu Glück, und Glückliche empfinden mehr Dankbarkeit, welche wiederum ein stärkeres Glücksgefühl auslöst.

Marina sitzt im Büro ihres Vorgesetzten und bespricht mit ihm ihre jährliche Leistungsbeurteilung. Bis jetzt läuft´s gut – der Chef lobt ihre Kreativität, ihr soziales Wesen und ihr vielseitiges Interesse.

Doch dann – der *Punch* in die Magengrube: „Ich würde mir von Ihnen manchmal mehr Disziplin erwarten", sagt er. Marina sackt in ihrem Sessel merklich zusammen, Enttäuschung und Unverständnis sind ihr ins Gesicht geschrieben. „Häh – Disziplin? Was zur Hölle meint er denn damit?" Ist das nicht dieser Begriff, den ihr Großvater immer verwendet hat? Ein Begriff, den man eher im neunzehnten als im einundzwanzigsten Jahrhundert verorten würde? Sie versucht, ihre Irritation zu verbergen und fragt so neutral wie möglich: „Was genau meinen Sie damit?"

Der Chef seufzt, weil er ahnt, dass er sich mit der Verwendung dieses Begriffs nicht gerade beliebt gemacht hat. Er holt tief Luft und setzt zu einem Erklärungsversuch an: „Ich schätze Ihre Unabhängigkeit und Eigenständigkeit in der Bearbeitung Ihrer Projekte, aber Sie müssen verstehen, dass wir ein großes Team sind, in dem sich nicht jeder selbstverwirklichen kann. Wir können nur dann effizient arbeiten, wenn jedes Rädchen im Getriebe seine Rolle einnimmt und die Regeln unseres Projekthandbuchs peinlich genau eingehalten werden. In der Vergangenheit ist mir aufgefallen, dass Sie mehrfach in den Kompetenzbereich Ihrer Kollegen eingegriffen und die Projektdokumentation vernachlässigt haben. Ihr Projektleiter hat Sie offensichtlich mehrmals darauf angesprochen, allerdings erfolglos. Sie sind hier keine `Ich-AG´, sondern Teil eines Teams. Damit alles flutscht, müssen Sie die Arbeitsregeln einhalten und sich einfügen.“

Roter Kopf, Blutdruck 200.

„Aha“, denkt Marina zornig, „darum geht´s also. Einordnung in die Gruppe, um das größere Ganze nicht zu gefährden, und den Kopf nicht zu weit rausstrecken. Soll ich mich etwa selbst zurücknehmen, um die Ziele des Teams nicht zu gefährden?“

Ihrem Chef gegenüber verspricht sie halbherzig und missmutig Besserung, allerdings ist der Samen der Unzufriedenheit bereits gesät. Sie würde sich wohl einen Job suchen müssen, in dem Eigenverantwortung und Unabhängigkeit mehr Anerkennung erfahren. Doch deswegen alles hinschmeißen und kündigen? Vielleicht gibt´s in Marinas Unternehmen auch andere Teams mit Kulturen und Führungskräften, die ihrem Arbeitsstil besser entsprechen.

Machtstreben, Machtgewinn, Machterhalt. Klingt nach Politik und Macchiavelli? Willkommen im Führungsalltag. Diese Werte für sich in Anspruch zu nehmen, ja sich offen zu ihnen zu bekennen, ist heute zum Tabu geworden. Gesellschaftlich anerkannt und erwünscht scheinen sie nicht mehr zu sein. Das Ego hat gefälligst auf der Hinterbank Platz zu nehmen und sich unauffällig zu verhalten. Bricht es einmal in Verhalten und Sprache hervor, hat man sich huldvollst zu entschuldigen und Asche auf sein Haupt zu streuen.

Ohne Machtinstinkt jedoch keine Führungskräfte, ohne Machtstreben keine Entwicklung. Wollen wir *Macher*, die Entscheidungen treffen und exekutieren – oder *Folger*, die im Kreis reden und alles mit allen abstimmen? Dominanzverhalten wird manchmal mit Aggression und Unterdrückung gleichgesetzt. Stimmt das wirklich?

Dominanz bedeutet lediglich, Kontrolle über Menschen und Situationen ausüben zu wollen. Geschieht dies durch Gewalt, ist es verwerflich. Wird eine Vereinbarung geschlossen, wobei die Dominierten die Machtausübung freiwillig an eine übergeordnete Instanz zur Erreichung eines gemeinsamen Ziels abgeben, ist es akzeptiert. Die Kunst einer Führungskraft besteht daher darin, Mitarbeitern das gemeinsame Ziel erstrebenswerter erscheinen zu lassen als die eigene Souveränität. Zugegeben: ein schwieriges Unterfangen in Zeiten der Individualismus-Manie, wenn jedermann etwas Besonderes sein will und sich einen „CXO" oder „Head of…" auf die Visitenkarte pinselt. Wie gelingt dieses Kunststück dann?

Einerseits durch Führen mit Emotionen – indem die Bedürfnisse der Mitarbeiter lustvoll zu einer gemeinsamen Vision amalgamiert werden.

Andererseits durch Führen mit Werten – indem auf einen Gleichklang der persönlichen Werte und der Unternehmenswerte geachtet wird.

Derart angelegt, gelingt Personalführung – und dem „Alphatier" wird sein unvermeidliches Dominanzgehabe gerne nachgesehen.

Inna ist im Job richtig durchgestartet. Häufig nimmt sie wahr, dass man sie als „Powerfrau" betitelt. Auf diese Bezeichnung ist sie ein bisschen - nein, sogar sehr - stolz. Immerhin muss ihr mal jemand diese Karriere nachmachen. Sie kultiviert den Status als „Powerfrau" regelrecht und verkauft sich gut in sozialen Medien und Fachzeitschriften. Du willst wissen, worauf dieser Status gründet?

Egal, welche Aufgaben Inna übertragen wurden, sie hat sie „stets zur vollsten Zufriedenheit ihrer Auftraggeber" - wie man in einem Dienstzeugnis sagen würde - erledigt. Die Projektziele wurden zur Gänze erreicht, die *Timelines* wurden niemals versäumt. Natürlich hatte sie immer wieder mit Widerständen in der eigenen Organisation zu kämpfen. Wie Inna damit umgegangen ist?

Natürlich sah sie sich manchmal gezwungen, die Brechstange auszupacken. Vor Kündigungen oder Versetzungen hat sie nie zurückgeschreckt, allerdings nur als *Ultima Ratio*, als letztes Mittel also. Auf diese Seite ihrer Manager-Persönlichkeit war sie allerdings nie besonders stolz. Ganz im Gegenteil – sie hat sie eigentlich immer verschämt versteckt.

Ihre andere Seite gefällt ihr da wesentlich besser: ihre gewinnende, offene Art und ihre Leichtigkeit. Tatsächlich haben die meisten Menschen in ihrem beruflichen Umfeld schwierige Entscheidungen mehrheitlich mitgetragen, weil Inna sie emotional abholen konnte. Dank ihres Humors konnte sie andere Menschen für sich einnehmen und ihre Ideen in die Praxis umsetzen.

„Durchsetzungskraft", sinniert Inna, „hat jede Menge mit sozialer Kompetenz zu tun. Und mit Kommunikation, Kommunikation und noch mehr Kommunikation. Wenn ich mich im Büro eingeigelt und meine Entscheidungen einsam verordnet hätte, wäre ich wohl gescheitert."

Eigennutz, Egoismus, Ichbezogenheit – Eigenschaften, die als unanständig und sozial unerwünscht gelten. Habgier und Rücksichtslosigkeit werden damit verbunden. Eigennutz steht in eklatantem Widerspruch zu gesellschaftlichen Postulaten wie Solidarität, Nächstenliebe und Inklusion.

In Seminaren stelle ich Führungskräften gerne die Frage: „Was ist eure wichtigste Aufgabe als Führungskraft?" In 99% aller Fälle erhalte ich Antworten wie „Anleiten", „Ausbilden", „Teambuilding", „Unternehmensziele vorleben" oder „Mitarbeitern Ressourcen zur Verfügung stellen" – Antworten, die darauf hindeuten, dass diese Führungskräfte die Interessen anderer Menschen in den Vordergrund stellen und sich über den Dienst an Mitarbeitern und Vorgesetzen definieren. Sobald ich die Frage aus meiner Sicht auflöse, ernte ich nachdenkliche, skeptische oder sich aufhellende Gesichter. Warum?

Ich vertrete die Ansicht, dass Führungskräfte zuerst auf sich selbst schauen müssen. Nur wenn´s ihnen gut geht, geht´s auch den anderen in ihrem Arbeitsumfeld gut.

Jenen, die mich als Egoismus-Prediger verdammen, erkläre ich meinen Standpunkt anhand eines Bibelzitats:

„Du sollst deinen Nächsten lieben wie dich selbst."

Nächstenliebe und Selbstliebe stehen also in Beziehung zueinander. Das Ausmaß an Nächstenliebe ist bedingt durch das Ausmaß an Selbstliebe. Auf die Arbeitswelt übertragen leite ich daraus ab, dass jene Führungskräfte den größtmöglichen Nutzen für ihre *Stakeholder* stiften, die diesen Nutzen für sich selbst erlangen wollen.

Geld, Prestige, Wissen – egal, worin der Nutzen besteht: nur wenn der Chef diese Werte für sich als erstrebenswert erachtet, werden sie vom Arbeitsumfeld rezipiert, angestrebt und letztendlich auch erreicht.

Deshalb musste ich schmunzeln, als ich neulich in einem Führungskräfteseminar die Frage stellte, worin die Aufgaben eines Vorstands bestünden. Eigentlich hatte ich mit einer juristisch korrekten Antwort gerechnet: „Der Vorstand hat auf das Wohl seiner Gesellschaft zu achten", oder so ähnlich. Stattdessen verblüffte mich mein Publikum: „Ich will Erfolg haben", meinte der eine. „Ich will Kohle verdienen", lachte ein anderer. „Ich will mein Unternehmen an die Spitze führen", warf eine Dame ein. Ein Klassiker! Persönliche Interessen übersteuern den rechtlich-gesellschaftlichen Auftrag.

Diese Antworten werfen ein Licht darauf, wie Führungskräfte funktionieren: Geld, Macht und Anerkennung für die eigene Person sind ausschlaggebend. Stillschweigend akzeptiert unsere Arbeitswelt diese ichbezogenen Züge, denn wir wissen, dass meine Seminarteilnehmer im Grunde richtig liegen. Erfolg ist *catchy*, ansteckend. Nur wenn der Chef den Zug zum Ziel verspürt, kann er sein Unternehmen mitreißen.

Eine nicht unwesentliche Komponente des Egoismus, die ich den „Rettungshubschrauber" nenne, hat seit den Wirtschaftsskandalen der letzten Jahre an Bedeutung gewonnen. Selbstschutz ist nämlich für hochrangige *Executives* aufgrund der immer strengeren Haftungsnormen *die* zentrale und karriererettende Eigenschaft schlechthin geworden.

Ist eigennütziges Verhalten nun verwerflich und sozial zu ächten? Wohl nur dann, wenn die berechtigten Interessen Dritter durch die Befriedigung von Eigeninteressen vorsätzlich und massiv verletzt werden.

„Es gibt doch nichts Unnötigeres, als die Dinge effizient zu erledigen, die überhaupt nicht getan werden sollten", soll Management-Guru Peter Drucker einst gesagt haben. „Wie wahr", denkst du, und erinnerst dich an die Heerscharen an Verwaltungsbeamten in HR, Compliance und Legal & Tax, die deinen Konzern mit Strukturen, Vorschriften, und Excel-Listen besser machen.

Was genau bedeutet denn Effektivität, und worin unterscheidet sie sich von Effizienz?

Effektivität bedeutet wirksames Handeln, um ein sinnvolles, nützliches und wertvolles Ergebnis zu erzielen. Bei der Wirksamkeit geht es also darum, die „richtigen Dinge zu tun, anstatt die Dinge richtig zu tun", wie Drucker meint. Wenn der Handelnde selbst bestimmt, welches Resultat für ihn sinnstiftend und nützlich ist, sprechen wir von „Selbstwirksamkeit" – der Fähigkeit, sich selbst als erfolgreich zu erleben und aus diesem positiven Erlebnis weitere Schaffenskraft und Resilienz zu schöpfen. Werden Sinn und Nutzen fremddefiniert, ohne dass der Handelnde den Wert seines Tuns erkennen und emotional begreifen kann, wird das eigene Tun nicht als erfolgreich empfunden. Wohlbefinden, das aus dem Erleben eigener Schaffenskraft und Energie resultiert, bleibt dann aus.

Was lernen wir daraus für die alltägliche Personalführung? Schaffen wir doch für unsere Mitarbeiter Tätigkeitsschwerpunkte, die ihren Talenten entsprechen, die sie Erfolg erleben lassen und an denen sie wachsen können. Frage also nicht, was deine Mitarbeiter für dein Unternehmen tun können, sondern was du für deine Mitarbeiter tun kannst, indem du sie adäquat einsetzt. Sie werden es dir mit einer merklichen Leistungssteigerung, Loyalität und Wirksamkeit in der Arbeitsverrichtung danken.

Effizienz hingegen bedeutet, das Verhältnis von Leistung zu Aufwand oder Output zu Input ständig zu optimieren. Es geht also um wirtschaftliches Handeln, das durch *Hard Facts* und Kennzahlen gemessen werden kann. Das Effizienzverständnis der Vergangenheit war einseitig: Da Ressourcen vermeintlich schier endlos verfügbar waren, brauchten wir uns darum keine Sorgen zu machen. Vielmehr galt es, Wachstum um jeden Preis zu maximieren. Das Effizienzdenken der Zukunft, das uns derzeit unsere Kinder lehren, ist hingegen ein ressourcenschonendes. Was lässt sich daraus für die Arbeitswelt ableiten?

Ich meine, dass Anstrengung, Gewinnstreben, Überstunden oder Bonuszahlungen zusehends an Bedeutung verlieren. Vielmehr stehen stattdessen Freude und individuell sinnstiftendes Arbeiten im Vordergrund. *Purpose* wurde als die Quelle der Wirksamkeit erkannt. Wer meint, dies träfe lediglich auf unsere Jungen zu, irrt – dieser massive *Shift* in der Arbeitseinstellung hat längst alle Generationen erfasst.

Wann jedoch werden unsere Unternehmen den Wandel vom effizienten (wirtschaftlichen) zum effektiven (sinnstiftenden) Handeln vollziehen, der in der Arbeitswelt immer stärker gefordert wird?

Wohl nicht so rasch. Europa befindet sich - mit oder ohne Corona - in der Krise, und der beliebteste Krisenbewältigungsmechanismus besteht darin, bloß nichts zu verändern.

„Unser Neuer ist tatsächlich erfrischend anders", denkt Saskia, die in einem großen Unternehmen die Organisationsentwicklung leitet. Sie denkt dabei an den neuen Geschäftsführer, der von der Eigentümerfamilie vor kurzem geholt wurde, um die traditionellen Arbeitsabläufe einem Röntgen zu unterziehen und zeitgemäßer zu gestalten.

Saskia leitet aktuell das Project Management Office eines Change-Prozesses, der alle Organisationseinheiten erfasst. „Was hat denn der Neue bisher richtig gemacht?", fragt sich Saskia. Sie denkt darüber nach, warum der Prozess zwar viel Staub aufwirbelt, aber die Mitarbeiter ihn dennoch mehrheitlich zu unterstützen scheinen. Sie denkt an die *Dos and Don'ts* des Change Management und merkt, dass der Neue in Sachen Change-Kommunikation viel richtig macht:

Hat er einen durchdachten Plan? *Check!* Liefert er seinen Mitarbeitern eine verständliche Begründung für notwendige Veränderungen? *Check!* Macht er den Nutzen der Veränderung begreiflich? *Check!* Fokussiert er auf organisationale Stärken anstatt auf Schwächen? *Check!*

„Aber da ist noch etwas anderes, warum ihm viele folgen." Saskia fällt bei diesem Gedanken die letzte Betriebsversammlung ein. Es ist wohl die ehrliche Kommunikation. Die Kollegen merken genau: da spricht kein Taktierer, der

Informationen zurückhält oder Dinge verspricht, die er gar nicht halten kann. Auf Fragen aus der Belegschaft, die er nicht beantworten konnte, sagte er: „Ich weiß, dass Ihnen diese Frage ein Anliegen ist. Ich kann sie derzeit noch nicht abschließend beantworten. Aber ich gehe davon aus, dass ich in zwei Wochen mit einer Information auf Sie zurückkommen werde." Und er ließ Saskia dieses Kommunikationsversprechen mit einer Deadline protokollieren und löste es dann auch tatsächlich zeitgerecht ein.

Ehrlichkeit schafft Vertrauen – und somit eine wichtige Voraussetzung für gelingende Veränderungsprozesse.

Einfluss vs. Macht

„Was motiviert Sie denn am meisten – Macht, Geld oder Anerkennung? Oder alle drei?", wurde André von einem Personalberater gefragt. Die schonungslose, ja brutale Offenheit dieser Frage machte ihn verdutzt und brachte ihn ein bisschen zum Stottern. André hasste diese Führungskräfte-Screenings, aber da musste er nun mal durch, wenn er in seinem Konzern Karriere machen wollte. Und das wollte er – mehr als alles andere.

Was treibt André an, für die Geschäftsstellenleitung zu kämpfen? Was macht ihn so geil auf diese Position? Das ist eine Frage, die er für sich nicht eindeutig beantworten konnte. „Für wen hauen Sie sich denn so rein?", hatte ihn einmal ein Coach gefragt. „Tun Sie's für sich, oder fühlen Sie sich jemandem anderen verpflichtet? Wer hat Ihnen denn die Glaubenssätze eingetrichtert, die Sie den Erfolg so sehr suchen lassen?" André hatte sich damals sehr unbequem gefühlt, das Coaching abgebrochen und diesen Fragen keine weitere Beachtung mehr geschenkt.

Das Gespräch mit dem Personalberater veranlasste ihn allerdings, wieder an die Beweggründe für seinen inneren Antrieb zu denken. „Will ich Macht?", dachte er, erschrak vor sich selbst und verneinte die Frage sofort. Zu sehr klang ihm „Macht" nach einem macchiavellischen Prinzen, zu stark drängten sich Bilder von politischen Führern auf, die er eher verabscheute.

Nach einigem Überlegen musste er sich allerdings eingestehen, dass er Macht tatsächlich ziemlich sexy fand. „Machtstreben ist ja per se nichts Verdammenswertes, es hat nur in unserer Zeit einen bestimmten Beigeschmack", meinte er. „Macht kann ja auch als Gestaltungsbefugnis gedeutet werden, die legitim erlangt wird, um Dinge in einer gesellschaftlich erwünschten Art und Weise zum Positiven zu verändern. Macht bedeutet für mich nicht das Ausüben von Befehlsgewalt innerhalb eines hierarchischen Systems. Vielmehr definiere ich sie als Einflussnahme auf handelnde Personen, um ein gemeinsames Ziel zu erreichen. Solange Einfluss nicht direktiv und willkürlich, sondern kooperativ und auf Augenhöhe ausgeübt wird, ist das okay."

Natürlich würde André mit der angestrebten Leitungsposition auch weitreichende Sanktionsmöglichkeiten erhalten. Diese Zwangsbefugnis würde er jedoch nur als *Ultima Ratio* ausüben – als letztes Mittel also, wenn sich seine Ziele nicht mit seinem Managementstil durchsetzen ließen, der von Freiwilligkeit, Gegenseitigkeit und Zusammenarbeit geprägt war.

André entschloss sich, diese Reflexionen zu Macht und Führung im Interview mit dem Personalberater offen zu kommunizieren. Danach hatte er die angestrebte Position in der Tasche, und weitere Karrierestationen folgten.

„Wir brauchen Menschen, die anpacken können", höre ich immer wieder von Führungskräften. Wenn ich nachfrage, was denn unter „anpacken" zu verstehen sei, meinen sie: „…selbständig erkennen, was zu tun ist…"; „…sich die Themen selbst suchen…"; „…Entscheidungen treffen und es einfach tun".

Ich bekomme allerdings immer mehr den Eindruck, dass uns die Entscheidungsfreude abhandenkommt – und damit eine wichtige Basis für Umsetzungs- oder Handlungskompetenz. Was ist das – Handlungskompetenz?

Darunter versteht man die Neigung und Fähigkeit eines Menschen, rasch vom Denken ins Tun zu kommen. Gestaltungswille, Umsetzungsorientierung, Ausführungsbereitschaft und eben Entscheidungsfreude sind dafür kennzeichnend. Handlungsbereite Menschen sind tendenziell impulsiv, innovativ sowie geistig und/oder körperlich beweglich. Ziel- und Lösungsorientierung gehören ebenso dazu, sind aber nur ein Teil des Profils. Persönliche Werte wie Abenteuerlust oder Unternehmertum sind nicht minder förderlich, um Handlungskompetenz entstehen zu lassen. Eine starke Ausprägung der Handlungskompetenz koinzidiert tendenziell mit geringer Reflektiertheit, eine schwache Ausprägung hingegen mit einer starken Neigung zu Reflexion.

Was können nun Organisationen tun, um die Entscheidungsfreude zu fördern, die sie bei manchen Mitarbeitern so schmerzlich vermissen? Nun, ein Rezept dafür könnte folgendermaßen lauten:

Man nehme Führungskräfte, die ihren Mitarbeitern vertrauen – und das nicht nur sagen, sondern das Vertrauen auch leben. Man statte also Arbeitnehmer mit Kompetenzen aus, und lasse sie diese auch nutzen. Weiters ebne man Hierarchien ein und schaffe kurze Entscheidungswege. Wer in eigener Kompetenz Entscheidungen treffen darf bzw. diese bei Bedarf rasch genehmigt kriegt, wird auch motiviert am Entscheidungsprozess mitarbeiten. Ebenso gewährleiste man die jederzeitige Ansprechbarkeit von Führungskräften – Rückmeldung von oben zu erhalten, fördert das Erleben der eigenen Wirksamkeit ungemein. Die Entscheidungspyramide lasse man nach unten breiter werden, man delegiere also Macht nach unten.

Prozessdokumentationen und Kompetenzregelungen gestalte man so detailliert wie nötig und so schlank wie möglich – organisationalen Ballast abzuwerfen, reduziert Verwaltungsbürden und fördert die Lust aufs Machen. Kontrollen reduziere man auf ein Minimum und gestalte sie möglichst sinnvoll. Fehler lasse man zu und verbinde sie mit institutionalisiertem Lernen. Darüber hinaus lasse man ein faires und transparentes Sanktionsregime walten. Wer Fehler macht und als Sündenbock geprügelt wird, hütet sich in Zukunft, nochmal irgendetwas zu entscheiden. Wer nicht weiß, welche Sanktionen auf Fehler folgen, wird vorsichtig, zögerlich und misstrauisch – aber kein Entscheider.

Außerdem lasse man Erfolglose nicht im Regen stehen, sondern unterstütze sie. Wer nach einem Versagen von der Organisation aufgefangen wird, wird unter anderen Voraussetzungen vielleicht künftig bessere Entscheidungen treffen.

Weiters gilt es, alle verfügbaren Positionen mit den erfolgversprechendsten Menschen zu besetzen – und nicht die erfolgversprechendsten Positionen mit Menschen, die gerade mal eben verfügbar sind. Jobvergabe aufgrund von Meriten stärkt die Entscheidungsfreudigkeit ungemein, denn die Mitarbeiter lernen, dass sie wegen guter Entscheidungen aufsteigen.

An die Adresse der Politik sei Folgendes gerichtet: staatliche Regulierung setze man mit Augenmaß ein; unqualifizierte Politiker entferne man tunlichst aus Führungsetagen.

Soweit mein theoretisches Rezept. Leider habe ich immer wieder festgestellt, dass Unternehmen, die in einer Krise stecken, genau gegenteilige Maßnahmen treffen und kontraindizierte Verhaltensweisen fördern – und nicht unbedingt zum Besten, kann ich euch sagen. Angst und Verunsicherung sind eben schlechte Ratgeber, denn sie lähmen den Entscheidungswillen dann, wenn er am meisten gebraucht wird.

FAIRNESS UND GERECHTIGKEIT

Hans ist Personalmanager und seit dreißig Jahren im Geschäft. Die meiste Zeit hat er in der Finanzbranche verbracht und dort alle Höhen und Tiefen miterlebt. Mitten in der Finanzkrise übernahm er die Verantwortung für den Change-Prozess in einer krisengeschüttelten Bank. Trennungsmanagement wurde wohl oder übel zu einer seiner Kernaufgaben.

Wenn er in diesen herausfordernden Zeiten eines gelernt hat, dann das: schwierige Entscheidungen - von Umstrukturierungen bis zu Kündigungen - werden von den Betroffenen dann akzeptiert, wenn sie als gerecht empfunden werden. Was heißt „gerecht" im Trennungskontext? Gibt es überhaupt Gerechtigkeit bei Kündigungen? Klingt das nicht zynisch?

Tatsächlich existiert Gerechtigkeit auch und vor allem in diesem Zusammenhang, und ihre Wichtigkeit kann nicht stark genug betont werden. Gerechtigkeit heißt, dass alle Mitarbeiter, die konkret definierte Merkmale erfüllen, Betroffene sind. Für ausnahmslos alle gelten die gleichen Maßnahmen und Sanktionen – keiner kann sich´s richten. Die Maßnahmen werden klar und zeitnah kommuniziert, und deren Umsetzung entspricht dem Kommunizierten eins zu eins. Kongruenz von Worten und Taten untermauert die Glaubwürdigkeit des Personalmanagements und seiner Maßnahmen, und Glaubwürdigkeit ist ein Fundament für Gerechtigkeit.

„Fairness", denkt Hans, „ist einer der wichtigsten Pfeiler unserer Gesellschaft. Überhaupt hat Gerechtigkeit im Europa der Nachkriegszeit einen so hohen Stellenwert erlangt wie sonst nirgends in der Welt." Stichworte wie „soziale Gerechtigkeit" oder „öko-soziale Marktwirtschaft" - die eierlegende Wollmilchsau der Ökonomie, die die Interessen von Unternehmertum, Umwelt und Gesellschaft ausgewogen berücksichtigen will - fallen ihm ein. Nachdem wir also in Fairness sozialisiert worden sind und eine entsprechende Erwartungshaltung hinsichtlich einer gerechten Behandlung in allen Lebenssphären aufgebaut haben – müssen natürlich auch Change-Prozesse in Unternehmen fair ablaufen. „Wenn du Fairness nicht garantieren kannst", meint Hans, „wenn Führungskräfte Fairness nicht jeden Tag vorleben, kannst du Change vergessen."

Herbert schmollt. Nein, er schmollt nicht nur, sondern er ist regelrecht außer sich vor Wut. Bereits zum zweiten Mal in drei Jahren wurde er bei einer Beförderung übergangen. Ganz zu schweigen von der Bonusverteilung zum Jahresende, die wieder mal eine komplette Frechheit war. „Das ist einfach nicht gerecht", dachte er, als er damals mit geballter Faust in der Hosentasche vor seiner Vorgesetzten stand. Wortlos stiefelte er aus ihrem Büro und ließ die Tür laut hinter sich ins Schloss fallen.

Aber nun mal der Reihe nach: warum fühlt sich Herbert eigentlich ungerecht behandelt? Bloß weil die Teamleitungsposition wieder an eine Frau ging? „Schon die dritte in diesem Jahr. Es werden gefühlt nur noch Kolleginnen befördert, weil's halt der Zeitgeist erfordert", denkt er resigniert. „Das hat mit Gerechtigkeit nichts zu tun. Was hat die, was ich nicht habe? Ich habe jahrelang in meine Weiterbildung investiert – sie nicht. Ich habe eine Familie zu versorgen – sie nicht. Ich habe mich lange im Unternehmen hochgedient – sie nicht." Genau diese Frage („Was hat sie, was ich nicht habe?") kann ihm seine Chefin nicht eindeutig beantworten. Sie faselt etwas von „Diversität", „Quereinsteigerin" und „notwendigem Perspektiven-wechsel".

Herbert fühlt sich zurückgesetzt, weil den Bewerbern für diese Position nicht von vornherein transparent gemacht wurde, was die ausschlaggebenden Kriterien für den Aufstieg sind. Hätte er gewusst, dass die Geschäftsführung wegen der mauen Ergebnisse eine Neuausrichtung plant, und frischer Wind in dieser Unternehmensphase mehr zählt als Loyalität, hätte er sich die Bewerbung mit dem mehrstündigen Führungskräfte-Screening und der hochnotpeinlichen Befragung durch die Personalkommission nicht angetan. Als ihm seine Chefin auch noch erklärt, dass „Frauen lange Zeit in ähnlicher Weise plafondiert" worden seien, wächst in ihm das Gefühl, dass es hier eher um Wiedergutmachung oder gar Rache, nicht aber um Gerechtigkeit geht.

Hätte die Unternehmensführung nicht auch explizit sagen können, dass Frauen bei gleicher Qualifikation bevorzugt werden? Und wenn schon eine Quote erreicht werden soll – wie hoch ist diese und auf welche Führungspositionen erstreckt sie sich?

Als Herbert am Jahresende seinen Bonusbrief öffnete, wurden seine Erwartungen wieder enttäuscht. „Ich hab´ doch meine Deals gebracht, das Budget erfüllt – warum nur so wenig?", dachte er mit hängender Kinnlade. Hintenrum erfuhr Herbert, dass seine Geschäftssparte bei der neuen Geschäftsführung angeblich nicht besonders hoch im Kurs steht. „Was heißt das denn jetzt? Was ist denn das für ein Kriterium für die Bonusvergabe?", ärgert sich Herbert und stellt sich wieder die Gerechtigkeitsfrage.

„Gerechtigkeit ist der optimale Zustand eines sozialen Miteinanders, bei dem stets ein fairer Ausgleich aller Interessen, Vergütungen sowie Chancen hergestellt wird", sagt Google. „Was hilft's", seufzt Herbert, „wenn ein Ausgleich geschieht, aber keiner weiß, wie er zustande gekommen ist?"

Und da hat Herbert recht – denn Gerechtigkeit wird nur dann als solche empfunden, wenn nicht nur das Ergebnis stimmt, sondern auch der Weg dahin für alle Beteiligten transparent gemacht wird. Gerechtigkeit funktioniert nur durch Transparenz.

Hans und Antje haben ein Seminar über werteorientiertes Arbeiten und Führen gebucht. „Was faselt der von Fairness und Gerechtigkeit?", raunt Antje ihrem Kollegen zu. „Das ist doch Haarspalterei, da gibt's doch keinen Unterschied!" Mitnichten, Antje – gibt es doch.

„Gerechtigkeit" wird im moralisch-rechtlichen Kontext verwendet und bezeichnet einen Ausgleich zwischen konkurrierenden Interessen verschiedener Parteien durch eine höhere Macht oder übergeordnete Instanz, der in den meisten Kulturen als hohes kollektives Gut gilt. Ein Richterspruch oder eine Vorstandsentscheidung kann demgemäß von Betroffenen als gerecht bezeichnet werden.

Im Sport, in der Wirtschaft und in der Politik hingegen - also überall dort, wo es besonders kompetitiv zugeht - spricht man von „Fairness". Dieser Begriff bezeichnet die Haltung eines Menschen, die ihn dazu veranlasst, nicht jeden Vorteil rücksichtslos auszunutzen oder jede Stärke unbotmäßig auszuspielen, selbst wenn es ihm möglich wäre. Vielmehr sollen Vorteile an Schwächere weitergegeben und Stärken auch zugunsten Benachteiligter eingesetzt werden. Ein fairer Mensch lässt bei der Erreichung seiner Ziele Transparenz walten und setzt sozial akzeptierte Mittel ein.

Warum ich das in meinem Seminar so betone, Antje? Weil Fairness nach der vorstehenden Definition besonders in Unternehmenskrisen die wichtigste organisationale Eigenschaft ist, um die Mannschaft bei der Stange zu halten. Ohne Fairness verlässt die Mannschaft das sinkende Schiff – und alles geht den Bach runter.

FREUDE UND FRÖHLICHKEIT

„Für Gott und Profit arbeiten" – wir sind in einer Gesellschaft groß geworden, die jahrhundertelang durch derlei Postulate geformt wurde. Wenig erstaunlich ist es daher, dass wir der Freude am Arbeiten mitunter sehr wenig Platz in unserem Berufsalltag einräumen. Viel wichtiger erscheint es Managern, mit bierernster Miene ihre Seriosität zu unterstreichen und mit Gravitas in der Stimme die eigene Wichtigkeit hervorzuheben. „Arbeit ist eben kein Ponyhof", tönt es oft.

Selbst wenn uns Arbeit tatsächlich noch erfüllt und positive Emotionen auslöst (was für immer weniger Menschen der Fall zu sein scheint), haben wir dennoch ein Problem damit, diese Freude auch offen kundzutun. Wenn gelacht wird, dann gequält-distinguiert, sarkastisch oder gar zynisch. Somit wird nicht als Ausdruck des *Spaßes* gelacht, sondern der *Bespaßung*; nicht als Ausdruck der *Freude*, sondern der *Schadenfreude*; nicht als Ausdruck des gegenseitigen Vertrauens, sondern der Verachtung.

Erfolgreiche Führung gelingt allerdings nur mithilfe positiver Emotionen und der Haltung, dass - *ja!* - Arbeit ein Ponyhof sein darf. Warum sagen Manager „Gut gemacht, Maier", wenn sie eigentlich „Ich *freue* mich, Sie im Team zu haben" meinen? Warum heißt's im Vorstand „Antrag genehmigt, weiter in der Tagesordnung", wenn man genauso gut „Ich *freue* mich, dass Ihr Bereich für solch tolle Geschäfte sorgt" sagen könnte? Warum wird in der Teamsitzung runtergebetet, was letzte Woche vorgefallen ist, anstatt danach zu fragen, was den Mitarbeitern Freude bereitet hat? Warum sagen wir im Beurteilungsgespräch „Ich war letztes Jahr sehr zufrieden mit Ihnen" anstatt „Die Arbeit mit Ihnen hat echt *Spaß* gemacht, weil…"?

Freude verbal auszudrücken, ist nicht nur ein Dienst an den Mitarbeitern, der in ihnen positive Emotionen wie Stolz oder Befriedigung auslöst. Es ist auch ein Instrument der Selbststeuerung für Personalverantwortliche, das Leichtigkeit in die Führungsarbeit bringt.

In diesem Kapitel besprechen wir „Fröhlichkeit" und „Freude" – sind das nicht gleichbedeutende Werte? Nicht unbedingt. Lasst mich den Unterschied anhand folgender Geschichte herausarbeiten:

Larissa ist eine Frohnatur. Sie geht mit Optimismus und Gelassenheit durchs Leben. Ihre innere Ruhe verleiht ihr Spannkraft, um die sie von vielen Kollegen beneidet wird. Eine positive Grundeinstellung zu allen Dingen, die ihr in ihrem Leben begegnen, ist für sie kennzeichnend. Ausgelassenheit, Feiern und Lachen? Auch das hat Platz in ihrem Leben, aber ihre *Fröhlichkeit* kommt von tiefer drinnen. Sie wird bestimmt durch ein hohes Maß an Selbstzufriedenheit und Selbstvertrauen, sowie durch das Bewusstsein, dass sie in ihrem Leben wenig erschüttern kann. Und selbst wenn der Fels ins Wanken gerät, ist ihr kleiner Freundeskreis da, um sie aufzufangen. Selbstverständlich ist da auch noch ihre Familie, die sie von Kindesbeinen an mit einem Mantel aus Wärme und Sicherheit umgeben hat. Sorgen und Nöte waren ihr und ihrer Familie nicht fremd, doch begegneten sie diesen Herausforderungen im Bewusstsein, dass hinter den Regenwolken auch wieder mal der Regenbogen wartet. Druck, Zwang und Ängste kamen daher nie auf, und wenn doch, dann wichen sie rasch einer lebensbejahenden Grundhaltung.

Fröhlichkeit ist also ein dauerhafter Grundzustand, der ein Produkt aus der Befriedigung menschlicher Grundbedürfnisse wie Sicherheit und Liebe ist.

Freude hingegen ist ein momentanes und vergängliches Gefühl der Leichtigkeit und des Glücks, das durch ein positives Erlebnis ausgelöst wird. Geht das Erlebnis vorüber, ist auch die Freude vorbei.

Gelingende Personalführung braucht sicherlich ein Quäntchen Freude, aber vor allem viel, viel Fröhlichkeit.

„Ich komme heute Abend später heim, weil ich noch mit *Geschäftsfreunden* essen gehe", ruft Manfred seiner Frau zu, bevor er das Haus verlässt. Der für Manfred ungewohnte Gebrauch des Wortes veranlasst seine Frau, mit hochgezogener Augenbraue und ironischer Stimme zu sagen: „Na, dann grüß mir mal deine *Geschäftsfreunde* schön..." Manfred bemerkt die Ironie und fragt sich: „Was sind eigentlich Freunde? Und trifft diese Bezeichnung auf meine Geschäftskontakte zu?"

Freundschaft wird gemeinhin als Beziehung beschrieben, die auf gegenseitiger Zuneigung und Vertrauen beruht. Auf welche Menschen aus Manfreds beruflichem Umfeld trifft diese Beschreibung zu?

Manfred denkt an Antonia, mit der ihn eine jahrelange intensive Geschäftsbeziehung verbindet. Mag er sie? Ja, Antonia war ihm - wie vielen anderen auch - auf Anhieb sympathisch. Sie versprüht Leichtigkeit, lacht viel und flirtet mit den Augen. Kann er ihr vertrauen? Antonia vertritt ihre Interessen beinhart und hat sich bereits einmal mit der Brechstange aus einem Vertrag herausgewunden. Das hat Manfred eine Latte Geld gekostet, aber er ließ es dabei bewenden. Eine Geschäfts*freundin*? Wohl eher nicht.

Was ist mit Andreas? Ihn kennt er seit seiner Kindheit. Sie hatten gemeinsam in der Sandkiste gespielt und danach sogar mal ein Unternehmen zusammen gegründet.

Zuneigung? Definitiv. Vertrauen? Ebenfalls. Allerdings ist die Freundschaft in letzter Zeit eingeschlafen. Andreas hatte auch auf Manfreds Kontaktversuche kaum reagiert. Da ist vielleicht mal eine Aussprache notwendig. Geschäfts*freund?* Hmmm, wohl eher nicht mehr.

Wie sieht´s mit Paul aus? Manfred hatte bereits mehrfach beobachtet, dass Paul Beziehungen ratzfatz beendet, sobald er für sich keinen Nutzen mehr darin sieht. Geschäfts*freund?* Definitiv nicht. „Eine Freundschaft erkennt man daran, dass sie nicht von kurzfristigem Vorteilsdenken geprägt ist", denkt Manfred und bemerkt, dass es mit seinen angeblichen Freundschaften wohl nicht so weit her ist.

Enge Freundschaften sind zweifellos wichtig. Sie sind unser Sicherheitsnetz im Alltag und unser Rettungsanker in Krisen. Wissenschaftliche Erkenntnisse jedoch zeigen, dass sich lose Beziehungen ebenfalls günstig auf unsere Psyche auswirken. Auch sie stärken unser Zugehörigkeitsgefühl und fördern den Ausstoß von Glückshormonen in einem größeren Ausmaß, als wir bisher angenommen haben. Was ist damit gemeint? Ein Beispiel zur Verdeutlichung:

Melanie besucht seit Jahren einen Qigong Kurs. Ab und zu unternimmt sie mit den anderen Kursmitgliedern etwas, würde diese aber nicht als enge Freunde, sondern als Bekannte bezeichnen. Nicht nur die körperlichen Übungen tun ihr gut, sondern auch die Gewohnheiten, die durch den Besuch des Kurses in ihrem Leben Einzug gehalten haben. Dieselben Gesichter, dieselben Begrüßungsrituale, dieselben Abläufe und derselbe *Small Talk* danach.

Wie wichtig diese Gewohnheiten sind, um die anderen Routinen ihres Berufs- und Familienalltags zu durchbrechen, wird Melanie erst bewusst, als Qigong dem *Covid-19 Lockdown* zum Opfer fällt.

Wir können uns das Universum unserer sozialen Beziehungen als zwei Kreise vorstellen: einen inneren, wo Bezugspersonen von starker emotionaler Bedeutung Platz finden; und einen äußeren, der für Personen reserviert ist, die uns emotional wenig berühren.

Im inneren Kreis würden wir also wahrscheinlich unsere Familie sehen. Ebenso Personen, die mehr von uns wissen als andere, weil wir ihnen mehr anvertrauen: Bürokollegen, die wir jeden Tag sehen; Schulfreunde, die uns unser ganzes Leben begleiten; langjährige Geschäftspartner und Stammkunden; und vielleicht auch unseren Masseur, der uns schon seit zehn Jahren den Stress wegknetet.

Im äußeren Kreis ordnen wir Leute aus unserer Fußballrunde ein; vielleicht auch Menschen, mit denen wir ab und zu einen Spieleabend verbringen; die Eltern anderer Schulkinder, die wir vom Elternabend kennen; oder Kontakte aus sozialen Medien, die wir möglicherweise nie persönlich kennengelernt haben.

Wenn wir diese Beziehungskreise mit einem Baum vergleichen, dann können wir den inneren Kreis mit den Wurzeln gleichsetzen, die uns mit den lebenswichtigen Säften versorgen. Der äußere Kreis hingegen ist vergleichbar mit der Baumkrone und ihren Ästen, Blüten und Blättern, durch die wir mit anderen Lebewesen in unserer Umwelt in Kontakt treten.

Der äußere Kreis ist immens wichtig, um uns mit Nachrichten über neue Entwicklungen und Ereignisse zu unterrichten, die für unsere Existenz förderlich sein können. Ich stelle mir die Personen in diesem Kreis vor wie Bienen, die unsere Blüten anfliegen, oder den Humus, der mit seinen Nährstoffen das Pflanzenwachstum begünstigt. Der äußere Kreis bringt uns somit eine wertvolle Außensicht, und ist damit ein Katalysator für Lernen und Entwicklung.

Studien belegen, dass uns Menschen aus dem äußeren Kreis mit siebenfach höherer Wahrscheinlichkeit mal eben schnell einen Gefallen tun, als Menschen aus dem inneren Kreis. Was ich damit meine?

Wir bekommen von losen Kontakten viel eher ein Jobangebot, eine Fünfsternebewertung, eine Referenz oder geschäftliche *Leads* als von der Familie und Freunden. Warum? Weil die emotionale Verbundenheit zu Letzteren nicht nur Gutes für uns bringt. Vielmehr sind unsere Beziehungen zum inneren Kreis nicht nur mit positiven Emotionen besetzt, sondern auch durch negative Gefühle belastet. Verlustängste und Besitzstreben, aber auch Neid und Missgunst spielen beispielsweise in diesen Beziehungen offen oder versteckt eine Rolle.

Was bedeutet das nun alles für die aktuelle Arbeits- und Bildungswelt?

Der *Covid-19 Lockdown* behindert die menschliche Entwicklung massiv, da die Nachrichtenzirkulation im äußeren Beziehungskreis gehemmt wird. Wertvolle Außensicht geht dadurch verloren, vielmehr werden wir auf die Innensicht unserer Echoblase - bestehend aus Familie und Freunden - reduziert. Soziale Medien können dem entgegenwirken, sind aber kein vollwertiger Ersatz für den Verlust persönlicher Beziehungspflege. Die Wirtschaft kann nur florieren, wenn Informationen im größtmöglichen Ausmaß und vor allem mit persönlichem Kontakt ausgetauscht werden. Geschieht dies nicht, nehmen Visibilität und Planbarkeit im selben Ausmaß ab, wie Unsicherheit und Unwägbarkeiten zunehmen. Das Ergebnis: der Wirtschaftszyklus erlahmt oder kommt zum vollständigen Stillstand. Den Rest haben wir alle erlebt. Moderne Technologien haben uns Schlimmeres erspart.

Was bedeutet das für die Eltern unter uns? Ich kenne noch immer welche, die Teenagern - egal, ob im Lockdown oder nicht - regelmäßig die Handys wegnehmen, um sie zu einem sinnvolleren Zeitvertreib anzuhalten. Sie nehmen ihnen damit allerdings wichtige Bezugspunkte zum äußeren Kreis und elementare Entwicklungsmöglichkeiten für eine moderne Zukunft – die ohnehin bereits ohne uns Europäer stattfindet.

Die Skepsis der Eltern gegenüber sozialen Medien mag angebracht sein, ihre Ablehnung verständlich: „TikTok, so was Bescheuertes." Allerdings ist dies die Welt unserer Kinder, und wir müssen ihnen das Recht zugestehen, darin zu leben. Kinder finden ja vielleicht auch den analogen Qigong Kurs ihrer Eltern bescheuert.

Freiheit vs. Unfreiheit

Viele wagen den Sprung in die Selbständigkeit, um frei zu sein. Wenige bedenken, dass Freiheit Opfer verlangt und Lasten mit sich bringt. Freiheit im Abtausch gegen Stress und psychischen Probleme.

„Ich mach' mich selbständig, dann bin ich frei", dachte sich Christian. Er war einfach nicht mehr bereit, in diesem Unternehmen mit all seinen Zwängen mitzuarbeiten. Der letzte Streit mit seinem Chef war so heftig gewesen, dass ihm daheim kotzübel geworden war. Er schätzte Eigenverantwortung, Selbstbestimmung und Unabhängigkeit über alles – da war doch die Selbständigkeit genau das richtige für ihn, oder? „Jetzt starte ich allein durch – frei vom Chef, frei von Hierarchien, frei von organisationalen Zwängen", nahm sich Christian fest vor. Einige seiner Bekannten hatten bereits vor ihm diesen Sprung gewagt, und keiner hat's bis jetzt bereut. Allen geht's supergut. Sagen sie zumindest.

Kennst du Christians Gedanken? Hast du sie auch schon mal gedacht? Liebäugelst auch du mit der großen Freiheit?

Die Freiheit ist eine verlogene Hure, die dir alles verspricht und am Ende nichts hält. Sie ist eine Fata Morgana, die dir eine Oase vorgaukelt, wo nur Dürre ist. Sie ist ein Bandit, der dich in eine finstere Gasse lockt und dich komplett ausnimmt. Die

Freiheit ist eine Verheißung, der viele Menschen wie Christian anheimgefallen sind und die am Ende bitter enttäuscht worden sind. Warum wohl?

Lasst uns einen Blick auf Christians Freiheitsdrang und seine Motive für die Selbständigkeit werfen. Christian läuft vor etwas davon und nicht auf etwas zu. Sein Chef stinkt ihm, die Kollegen sind Scheiße, das Unternehmen ist zu bürokratisch, er muss alles selber machen, hält den Laden allein am Laufen und kriegt dafür doch nur ein mickriges Angestelltengehalt. Und von Lob sowieso keine Spur. „So sieht's doch aus, das ist ein FAKT, das sagen doch ALLE", hatte Christian neulich seinem Chef unter die Nase gerieben. Sein vorgeschobener Unterkiefer und der aggressive Ton signalisierten Kampfeslust. Die verschränkten Arme und der zum Boden gerichtete Blick suggerierten allerdings, dass er sich seiner Sache doch nicht so sicher war.

Und tatsächlich – ein Faktencheck in Christians beruflichem Umfeld offenbart, dass angebliche Fakten eben doch nur Meinungen sind, die nicht unbedingt von allen geteilt werden. Sein Chef behauptet, Christian sei ein Querkopf. Seine Kollegen meinen hinter vorgehaltener Hand, er könne sich nicht anpassen. Den Laden allein am Laufen halten? Keine Spur davon, Christians Beitrag sei überschaubar. Der Chef, der Idiot, habe ihm sogar noch eine Gehaltserhöhung gegeben, um ihn zu motivieren. Oder damit er ihm nicht mehr auf die Pelle rückt. Manche sagen, das Unternehmen wäre besser ohne ihn dran.

Was hätte Christian wohl zu diesem 360°-Feedback gesagt? Ich kann's euch nicht mit Sicherheit sagen, aber ich hab' da so eine Ahnung. Er wird uneinsichtig sein, auf seiner Meinung beharren, seinen Weg unbeirrt gehen. Das macht man doch so als Selbständiger, oder?

Mitnichten, Christian: Wenn du ausschließlich dein eigenes Ding machen willst, ist das genauso wenig eine gute Voraussetzung für deine Selbständigkeit, wie vor etwas wegzulaufen.

Du wirst entdecken, dass du als Selbständiger genauso einen Chef hast – nur heißt der dann `Kunde´ oder `Partner´. Du wirst entdecken, dass du in einem Ausmaß wie nie zuvor in deinem Leben Wünsche erfüllen, Kompromisse schließen, abfällige Bemerkungen schlucken und andersartige Verhaltensweisen tolerieren wirst müssen. Und glaub mir, Christian: manchmal - nein: oft! - wirst du dich nach deinem alten Chef sehnen. Wenn du selbständig sein mit cheflos sein verwechselst, lass dir gesagt sein: Du bist niemals cheflos im Leben.

Du wirst entdecken, dass du als Selbständiger deinen Laden nun tatsächlich ganz allein am Laufen halten musst. Und es ist nicht damit getan, dass du dir `CEO´ auf die Visitenkarte pinselst. Du bist deine eigene Sekretärin, dein eigenes Marketing, deine eigene Presse-, Rechts- und Steuerabteilung, dein eigener Chauffeur. Du wirst deine eigenen Produkte verpacken, labeln und verkaufen müssen. Du wirst rackern, bis die Bandscheiben krachen. Du wirst bis Mitternacht mit roten Augen vor dem Computer hocken. Du wirst oft nicht weiterwissen und keinen Rat erhalten. Du wirst die Geborgenheit einer Organisation und die Unterstützung durch Kollegen vermissen. Und wenn du Pech hast, fängst du an zu saufen und deine Frau schmeißt dich aus der Wohnung. Dann bist du alleiner als allein. Du bist auf dich selbst gestellt, und das ständig - `selbst-ständig´ eben.

Du wirst entdecken, dass es eine dunkle Seite der Selbständigkeit gibt, von der dir nie jemand was erzählt hat. Du glaubst, du hattest Stress, als du noch Angestellter warst? Pah.

Als Selbständiger hast du vielleicht nicht bloß Stress, sondern Angst – Angst, dass dir das Geld ausgeht, dass du die Schulden nicht bezahlen kannst und auf der Straße landest; Angst vor dem Misserfolg; Angst vor gesellschaftlicher Ächtung; Angst, die Erwartungen deiner Familie nicht erfüllen zu können; Angst, deinen Status nicht halten zu können; Angst vor der Häme in den sozialen Medien; Angst vor deinen Gedanken, die immer nur um dieselben Themen kreisen; und schlussendlich Angst vor der Angst. Du glaubst, du warst verzweifelt, als du noch Angestellter warst? Pah.

Als Selbständiger bist du vielleicht nicht bloß niedergeschlagen, sondern depressiv. Du lachst nicht, kommunizierst nicht, isst nicht, schläfst nicht, bumst nicht. Depression als schwarzes Loch? Mitnichten. Du wirst entdecken, dass Depression weder eine Farbe noch eine Form hat. Da ist einfach Leere. Ein riesengroßes Vakuum, als ob dich deine Raumstation im All verloren hätte. Du möchtest am liebsten schreien „Hallo, ist da jemand?“, vermagst aber deine Lippen nicht zu öffnen. Keine Lebensenergie. Batterie komplett im Arsch. Vielleicht reagiert jemand auf deinen stummen Schrei, aber du wirst es nicht wahrnehmen. Wenn dich jemand anspricht, hörst du es wie der Insasse einer Gummizelle – leise, fern, wie durch einen Schalldämpfer. Wenn dich jemand berührt, kommst du dir vor wie das Michelin-Männchen mit seinen Speckschichten. Du kannst dich auf Sinnesempfindungen nicht konzentrieren. „War da was?“, denkst du mit einem Wattegehirn und driftest dann wieder ab. Atemnot, Herzschmerzen, Muskelkrämpfe. Und eines Tages kannst du dann nicht mehr aufstehen. Du wirst regungslos am Boden liegen und möchtest dich fragen, warum zur Hölle du dich eigentlich selbständig gemacht hast. Du möchtest am liebsten alle deine Freunde, die dir die Selbständigkeit mit den grellsten Farben ausgemalt haben, mit der Pumpgun wegputzen. Aber du kannst es nicht mehr. Weil du am Boden festgetackert bist. Scheiße.

Für deine Selbständigkeit, lieber Christian, brauchst du mehr als einen guten Plan. Stärke und Selbstschutz – das sind die wichtigsten Eigenschaften.

Fürsorglichkeit und Großzügigkeit

Josef ist von Kindesbeinen an gewöhnt, für andere zu sorgen. Nach dem zweiten Weltkrieg war er als Ältester von fünf Kindern aufgewachsen und musste sehr früh den Vater ersetzen. Feldarbeit, Hausarbeit, die Geschwister betreuen, die Mutter unterstützen. Jahrzehnte später hatte Josef den kleinen Bauernhof zu einem der größten fleischverarbeitenden Betriebe in der Region mit siebzig Mitarbeitern ausgebaut.

Wie er sein Unternehmen führt, erinnert mich an ein Sozialexperiment – und tatsächlich fühlt er sich dem sozialen Aspekt des Unternehmertums besonders verpflichtet. „Ich denke zuerst an meine Mitarbeiter, und dann an den Gewinn", hört man Josef oft sagen. Eine Einstellung, die ihn in schwierigen Zeiten schon einmal fast die Existenz gekostet, aber auch gerettet hat. Sein soziales Engagement und seine gesellschaftliche Stellung in der Gemeinde führten nämlich zu einer Vielzahl von Treuebeweisen von Mitarbeitern, Kunden, Lieferanten und sogar Konkurrenten. Diese halfen ihm, seinen Betrieb fortzuführen.

Josef denkt oft selbstkritisch darüber nach, warum ihm das Wohl anderer so wichtig ist.

Sieht er Fürsorge gar als ein Investment, das eine Rendite abwirft? Ja, wenn er an seine schwierigen Zeiten denkt, war es wohl so, dass er einen *Return on Investment* aus seinem sozialen Netzwerk erhielt. Allerdings hatte er nie eine Erwartungshaltung diesbezüglich gehabt.

Empfindet er Fürsorge als persönlich bereichernd? Zweifelsohne fühlt er sich gut dabei. Insgeheim muss sich Josef allerdings auch eingestehen, dass die Versorgung seiner „Abhängigen" in ihm ein Machtgefühl entstehen lässt. Für das Wohlergehen von siebzig Menschen verantwortlich zu sein, bedeutet für ihn ein Erleben seiner eigenen Stärke.

Was auch immer die Gründe für Josefs Fürsorgeempfinden sein mögen – er ist sich sicher, dass Wirtschaft nur nachhaltig funktionieren kann, wenn Führungskräfte fürsorglich sind.

Otto ist einer jener Unternehmer, die an meiner Umfrage zum Thema „Erwartungshaltungen der Wirtschaft an Berufseinsteiger" teilgenommen haben. In Otto durfte ich einen Macher mit einer facettenreichen Persönlichkeit und einer formidablen sozialen Ader kennenlernen.

Respekt, Otto: nicht nur dafür, dass du aus einem kleinen Familienbetrieb ein international tätiges Unternehmen gemacht hast, sondern auch für dein soziales Engagement. Als ich Otto fragte, was ihn als Unternehmer erfolgreich macht, erhielt ich zur Antwort: „Mein Fokus liegt primär auf Kunden und Mitarbeitern, nicht auf Gewinn in absoluten Zahlen."

Eine Antwort, die seine Banker wohl nicht gerne hören. Ich aber spitzte die Ohren und fragte nach, was genau er damit meinte. Im weiteren Verlauf unseres

Gesprächs wurde klar, dass Otto ein wertegetriebener Mensch ist und sein Unternehmen auch nach seinen Werten ausrichtet. „Ich möchte andere an meinem Erfolg teilhaben lassen", meinte Otto und verwies auf seine karitative Tätigkeit. „Dankbarkeit und Loyalität" seien ihm wichtig, und er fördere diese Werte auch in seinem Unternehmen. „Wir müssen Dankbarkeit empfinden für das, was uns jeden Tag zuteilwird, was wir in unserem Land als selbstverständlich erachten, aber in anderen Ländern als Geschenk des Himmels gesehen wird. Ich bin meinen Mitarbeitern, Kunden und Lieferanten dafür dankbar, dass sie unser Unternehmen unterstützen und auch in schlechten Zeiten zu uns halten. In den Jahren 2013 bis 2015 war das beileibe keine Selbstverständlichkeit", meinte Otto mit Verweis auf die Auswirkungen der Finanzkrise.

Dankbarkeit, Loyalität und sein unternehmerischer Erfolg seien auch die Faktoren, die in ihm Großzügigkeit entstehen ließen, meinte er. Woran andere seine Großzügigkeit erkennen könnten, fragte ich. Dieses Wesensmerkmal erkenne man unter anderem an der Fehlerkultur im Unternehmen, meinte er. „Fehler müssen passieren dürfen. Fehler bedeuten nicht, dass wir versagt haben, sondern dass wir uns verbessern können. Sie zeigen Entwicklungspotenzial auf. Es müssen und sollen daher viele Fehler gemacht werden." Wichtig sei im Zusammenhang mit Fehlern, deren Ursache zu ergründen, anstatt die Verschuldensfrage zu stellen. Schuldzuweisungen würden lediglich zur Vertuschung von Fehlern führen. Er brauche daher Menschen in seinem Unternehmen, die „andere mit ihren Meinungen, Ideen und Arbeitsweisen gelten lassen können".

Großzügigkeit bedeute aber auch, nicht nur Menschen mit Kompetenzen, sondern auch jene mit Kompetenzdefiziten adäquat einzusetzen. „Vielfalt muss zugelassen werden", war Otto überzeugt. „Großzügigkeit heißt vor allem, sich diese Eigenschaft auch zu erhalten, wenn´s einem nicht so gut geht. Solidarität üben in Zeiten der eigenen Not – das ist wohl die größte Herausforderung."

GEDULD UND GELASSENHEIT

Geduld ist die Eigenschaft, auf etwas warten zu können, was möglicherweise nie passiert, ohne dass wir diesen Zustand als unnütz oder unangenehm empfinden. „Oftmals kommt beim Warten etwas anderes raus, als wir uns *er*-wartet haben", denkt sich Sascha und findet diese Überlegung spannend. „Warum können wir den Dingen nicht einfach ihren Lauf lassen? Warum wollen wir nicht zur Kenntnis nehmen, dass wir nicht alles beeinflussen können?"

Sascha hält inne und gibt sich nach einem Moment des Nachdenkens selbst die Antwort: „Wenn wir zugeben, dass wir in einer komplexen Welt leben, in der es nicht nur nach unserem Kopf geht, müssten wir uns auch eingestehen, dass wir nicht der Nabel der Welt sind. Wir würden die Einsicht gewinnen, dass wir nicht die Sonne, sondern nur Trabanten sind. Und das wäre nicht gut für unser Ego."

Sascha denkt an die Kollegen an seinem Arbeitsplatz: allesamt zielstrebig, ehrgeizig, effizienzorientiert. Wie würden die wohl „Geduld" definieren? Für sie wäre das lediglich das Verschlafen einer Gelegenheit, einen Euro mehr zu verdienen.

Die Geduld hat eine bessere Meinung verdient, da sie ein wesentlicher Bestandteil von Resilienz ist. Sie unterstützt uns dabei, mit unerwarteten oder unerwünschten Resultaten unseres eigenen Handelns gesund umzugehen. Diese Eigenschaft steht in diametralem Gegensatz zu Erfolgsstreben, Effizienzdenken und „Yes-we-can-

Mentalität". Geduld zeichnet den Marathonläufer in der Arbeitswelt aus: sie unterbricht unser Hochgeschwindigkeitsleben, unterstützt unser persönliches Gleichgewicht und stärkt damit unsere Basis für nachhaltigen Erfolg.

Sascha gefällt das Zitat von Konfuzius: „Ist man in kleinen Dingen nicht geduldig, bringt man die großen zum Scheitern." Und er denkt unweigerlich an den Digitalisierungsprozess in seinem Unternehmen, der gerade zu scheitern droht, weil zu viele hektische Egos mit zu vielen Inbusschlüsseln an zu vielen Stellschrauben drehen.

Gelassenheit – gemeinsam mit Mut und Weisheit eine Managertugend, die oft unterschätzt wird. Was es mit diesem Wertetrio auf sich hat?

Führungskräfte brauchen Gelassenheit, um Dinge einfach stehen zu lassen, die sie momentan nicht verändern können. Sie brauchen auch Gelassenheit, um Situationen auszuhalten, denen sie aktuell hilflos ausgeliefert sind. Aber mit Gelassenheit allein lässt sich nix managen – es braucht auch den Mut, zum richtigen Zeitpunkt ins Tun zu kommen und veränderbare Dinge zu verändern. Die wichtigste Tugend allerdings ist die Weisheit, die uns erkennen lässt, wann der richtige Zeitpunkt für Gelassenheit oder für Mut gekommen ist.

Doch zurück zur Gelassenheit: Warum empfinden wir gelassene Menschen als angenehm? Gelassenheit ist eine distinguierte Form von *Coolness* und eine elegante Art, Selbstvertrauen unaufdringlich zur Schau zu stellen. Nicht umsonst besteht eine Wortverwandtschaft zwischen *Gelassenheit* und *Lässigkeit*. Wir bewundern diese

Menschen, weil sie in allen Lebenslagen die Ruhe bewahren und damit eine Basis für gute Entscheidungen schaffen. Ihnen haftet eine gewisse Leichtigkeit an. Gelassenheit schafft die Grundlage für vernunftbasiertes Agieren, für entfesseltes, lösungsorientiertes und optionsreiches Denken und Handeln. Nichts ist „alternativlos" – ein Modewort, mit dem uns Politiker, Medien und Führungskräfte seit einiger Zeit nerven. Mit Gelassenheit lassen sich Alternativen entdecken, die uns mangels innerer Ruhe und äußerem Druck verborgen bleiben.

Wie können wir Gelassenheit für knifflige Situationen üben? Indem wir zuerst mal unser Bauchgefühl wahrnehmen, anstatt die Umstände kognitiv als gut oder schlecht zu bewerten: Was macht diese Situation mit mir? Wie fühle ich mich unter diesen Umständen? Warum fühle ich einen Entscheidungsdrang? Diese Fragen stellen sich weise Entscheider zuallererst, bevor sie weitere Überlegungen anstellen. Danach folgen weitere kluge Fragen, wie z.B.: Muss ich das jetzt entscheiden? Was passiert, wenn ich jetzt (nicht) entscheide? Wessen Interessen berühre ich mit meiner Entscheidung? In einem zweiten Schritt schreiben wir alle Antworten auf die vorgenannten Fragen auf, wie sie uns in den Sinn kommen. Danach werfen wir ein kritisches Auge auf das Ergebnis unseres Denkprozesses und bewerten unsere Handlungsoptionen.

Was unterscheidet einen gelassenen von einem getriebenen Menschen? Ein Gelassener bedenkt alle Folgen seiner Entscheidung für alle Betroffenen, bevor er handelt. Der Getriebene handelt voreilig und sieht sich dann gezwungen, die Konsequenzen seines Tuns reparieren zu müssen.

HINGABE („FLOW")

Wann warst du das letzte Mal „im *Flow*"? Was war dafür ausschlaggebend, dass du einen „guten *Flow*" hattest? Wie hast du dich dabei gefühlt?

Agathe beschreibt ihr *Flow*-Erlebnis folgendermaßen:

„Als ich neulich ins Büro kam, wusste ich einfach, dass das ein starker Tag werden würde. Ich war unglaublich motiviert und stürzte mich regelrecht in die Arbeit. Mich zu konzentrieren und diese Konzentration über lange Zeit aufrechtzuerhalten, fiel mir leicht. Und apropos leicht: Ja, ich fühlte mich regelrecht durchströmt von Leichtigkeit! Alles ging mir so flott von der Hand. Die richtigen Gedanken zur richtigen Zeit, die richtigen Handgriffe zur richtigen Zeit. Ich kam mir vor wie beim Lösen eines Kreuzworträtsels. Kennst du das Gefühl, wenn auf einmal alle horizontalen und vertikalen Wörter einfach so raussprudeln und die Lücken rasant kleiner werden? Ich war so ˋWow, heute ist alles easyˊ."

„Nach einigen Stunden hab´ ich mich zurückgelehnt, befriedigt auf meinen Schreibtisch geblickt und war total von den Socken – so viel hab´ ich in so kurzer Zeit geschafft? Die Zeit verging tatsächlich wie im Flug. Hab´ ich Stress verspürt? Kaum. Während der Arbeit war ich in mich gekehrt und hatte das Gefühl, dass ich für mich selbst und für sonst niemanden arbeite."

„Am Ende meines *Flow*-Gefühls war da eine angenehme Ermattung, und auch das Abschalten nach der Arbeit ging leichter als sonst."

Früher - als es noch viele Handwerker gab - nannte man Agathes *Flow* auch „Handwerker-Mentalität". Die konnten das richtig gut – sich entspannt und kraftvoll ihrer Arbeit hingeben und dabei Muse empfinden. *Flow* hat viel mit Hingabe zu tun. Das mag zwar altmodisch klingen – doch nur damit gelingt Arbeit gut.

HUMOR

Der Humor ist ein Bauer, der den harten Boden der Alltagssorgen mit einem Pflug auflockert. Er ist ein Bio-Landwirt, der blühendes Unkraut neben in Reih und Glied gepflanzten Kartoffeln und Rüben gedeihen lässt. Der Humor ist ein Balletttänzer, der mit scheinbarer Leichtigkeit die schwierigsten Pirouetten dreht. Der Humor ist ein Masseur, der angespannte Muskeln wieder geschmeidig macht. Der Humor ist aber auch ein Großvater, der Lebenskrisen mit Gelassenheit und Abstand betrachtet. Der Humor ist wie ein Virus, denn er ist ansteckend und lässt die Menschen zusammenrücken. Der Humor ist ein Lehrer, der Lernziele mit positiven Emotionen verknüpft.

Der Humor hat viele Gesichter. Er ist ein Schenkelklopfer, ein *Stand-Up Comedian*, eine ironische Bemerkung, ein Augenzwinkern. Der Humor ist aber vor allem eines: er ist ein Gradmesser für...

...deine Sozialkompetenz – denn Humor gestaltet Beziehungen nachhaltig.

...deine Gesundheit – denn du bist echt krank, wenn du nicht mehr lachen kannst.

...deinen Selbstschutz: bist du fähig, dir Hilfe zu holen, wenn du nicht mehr lachen kannst?

Humor gibt aber auch Aufschluss darüber, wie´s deinem Unternehmen geht. Schau dir dein Arbeitsumfeld an: Wie wird dort gelacht?

Ist es ein unbeschwertes Lachen?

Ist es ein mit Ironie gewürzter Humor?

Nimmst du beißenden Sarkasmus wahr?

Oder spürst du gar vernichtenden Zynismus?

Diese oben beschriebene „Humor-Treppe" hat die Funktion eines Thermometers, das die soziale Temperatur im Unternehmen misst. Je weiter die Unternehmenskultur auf der Treppe nach unten fällt, desto kälter wird es. Der zwischenmenschliche Umgang wird roher, die Konfliktkultur erodiert.

Ungezwungenes Lachen wird für mich durch die Farbe „Rot" repräsentiert: die organisationale Temperatur ist sommerlich warm, alle Körperteile deines Unternehmens sind gut durchblutet und voll funktionsfähig. Kooperationsgeist und gegenseitige Achtung herrschen vor.

Ironie erinnert mich an die Farbe „Gelb". Ironie ist ein elegantes Stilmittel der menschlichen Sprache, das von geistreichen und intelligenten Menschen benutzt wird. Sie sagen das Gegenteil von dem, was gemeint ist, und trotzdem verstehen alle die Bedeutung des Gesagten. Ironie geht von einem positiven Menschenbild aus, denn es wird vorausgesetzt, dass der Gesprächspartner um die Ecke denken kann. Und doch herbstelt es im sozialen Wald, denn Ironie ist beginnende Geringschätzung anderer Menschen.

Sarkasmus wird durch die Farbe „Grün" dargestellt: Hohn und Spott werden gezielt zur kommunikativen Vernichtung von Mitmenschen eingesetzt. Allerdings wird Sarkasmus nur gelegentlich und nicht dauerhaft verwendet. Diese Humorform deutet nicht auf eine negative Grundhaltung allem und jedem gegenüber hin. Vielmehr sind diese Menschen noch zu Emotionen - vor allem zu Empathie - fähig und können auch andere kommunikative Stilmittel einsetzen. Sie sind noch kooperationsfähig, jedoch sind sie nur am eigenen Nutzen interessiert. Ihren Mitmenschen bringen sie Missachtung, Ablehnung und Geringschätzung entgegen – vielleicht, weil sie selbst einst so behandelt wurden?

Die Farbe „Blau" steht für Zynismus: Er ist - im Gegensatz zum Sarkasmus - eine dauerhafte Charaktereigenschaft. Der Zyniker überzieht sein Umfeld mit Hohn und verletzt die Gefühle seiner Mitmenschen zutiefst und vorsätzlich. Er ist ein Mensch, der oft eine Machtposition innehat, diese jedoch als Zwang betrachtet und eine Sinnentleerung seiner Tätigkeit erlebt. Führungskräfte sind besonders anfällig für Zynismus, vor allem dann, wenn sie ihre Führungsrolle verlieren. Freude oder andere positive Emotionen in Zusammenhang mit seiner Tätigkeit sind dem Zyniker schon lange abhandengekommen. Zynische Äußerungen sind ein Hilfeschrei nach Alternativen zum erlebten Sinnesverlust. Eine emotionale Erkaltung ist die Folge, und auch das Arbeitsumfeld eines Zynikers wird von einer dicken Eisschicht überzogen. Du meinst, Zynismus sei gar keine Humorform, sondern eine sozio-kommunikative Napalmbombe? Als Außenstehender hast du recht. Der Zyniker allerdings erlebt durch die Verachtung seiner Mitmenschen einen Lustgewinn.

Welche Humorfarben beobachtest du in deinem Unternehmen?

Stefan hat sich nach einigen Jahren in einem Großunternehmen selbständig gemacht. Gemeinsam mit einigen Freunden aus der IT-Szene hat er ein Start-Up für künstliche Intelligenz gegründet. Die Jungs sind gut unterwegs: sie erhalten großzügige Förderungen und können bereits erste Erfolge verzeichnen. Sie stricken prozessoptimierende KI-Tools für eine Vielzahl von Anwendungen, von Supply-Chain Management bis Recruiting.

Sie haben ein gutes Timing für ihren Markteintritt gewählt, denn KI ist *das Buzzword* schlechthin – alle Unternehmen wollen es umsetzen. Hinzu kommt, dass das Thema in der Öffentlichkeit wahrgenommen und kritisch diskutiert wird. Für die Fortschrittsgläubigen ist KI die Verheißung einer besseren Zukunft, für die Traditionalisten bedeutet KI die Aufgabe menschlicher Souveränität. Die Rückmeldungen von Stefans Kunden sind vielversprechend und ermutigend: Fehlerquoten konnten gesenkt, die Effizienz gesteigert, der Ressourceneinsatz optimiert werden.

„Innovation ist fortschrittsorientierte, zielgerichtete, nutzenorientierte Kreativität", meint Stefan, der sich mit dieser Definition gerne von anderen Kreativberufen abgrenzt. „Designer oder Künstler mögen Neues schaffen, aber: Cui bono? Wir Innovativen schaffen wirtschaftlichen Mehrwert durch Neues."

Ich fragte Stefan, was es seiner Meinung nach bräuchte, um Innovation entstehen zu lassen.

„Jedenfalls keine staatlichen Förderagenturen und keine Geldspritzen. Die sind lediglich Katalysatoren oder `Brandbeschleuniger´. Förderungen dienen hauptsächlich dem Selbstzweck der Politik, haben aber wenig Einfluss auf innovative Prozesse. Wir brauchen selbstverantwortliche, eigenständige Mitarbeiter, die Neues aus dem Boden stampfen wollen. Eigenschaften wie Neugier und Offenheit sind wichtig. Wir brauchen Leute mit einer „Kreuzworträtsel-Mentalität“, d.h. solche, die sich selbst die Probleme suchen, um sich nachher eigenständig und strukturiert an deren Lösung zu machen.“

„Braucht´s denn auch eine Krise als Auslöser für Innovation?“, fragte ich weiter.

„Eine Krise ist kein guter Auslöser für Innovationen. Krise bedeutet Angst und Hektik – beides keine optimalen Voraussetzungen fürs Lernen und Umsetzen. Es braucht ein Problem, das mit herkömmlichen Ressourcen nicht zu lösen ist. Und es braucht auch Ruhe, ja sogar Langeweile oder Tagträumen. Kennst du den Pippi-Langstrumpf-Cartoon, wo Pippi das Lied `Was könnt´ ich heute tun´ singt? Das erinnert mich nämlich an meine Branche - wir Menschen fangen oft aus Fadesse an herumzuspielen, und auf einmal kommen wir auf etwas Neues drauf.“

Was das für die Unternehmensführung bedeutet, wollte ich wissen.

„Du musst den Spieltrieb der Leute am Leben erhalten, sonst killst du die Kreativität. Du brauchst aber auch zielorientiertes Projektmanagement, denn wir wollen einen bestimmten Nutzen schaffen und damit Kohle verdienen. Spieltrieb und Fokussierung müssen im Unternehmen ausbalanciert sein. Du brauchst Mitarbeiter mit der einen und der anderen Eigenschaft – idealerweise aber Leute, die beides unter einen Hut bringen."

„Das Ärgerlichste an dieser Welt ist, dass die Dummen immer Recht und die Intelligenten immer Zweifel haben", hat der walisische Philosoph Bertrand Russell einmal gesagt.

„Wie wahr", denkst du dir jetzt. Du kennst das Gefühl, dass die anderen einfach etwas behaupten oder etwas tun, während du noch am Hinterfragen bist. Tja, wieder mal von links hinten überholt worden. Die Welt ist ungerecht. Doch das trifft genau den Punkt. Egal, ob du mathematische, emotionale, soziale oder einfach die Intelligenz besitzt, dich weniger dumm als dein Arbeitskollege anzustellen: der Wert der Intelligenz für uns Menschen besteht darin, *Fragen* zu stellen.

Plakativ: Intelligent ist jemand, der genug in der Grütze hat, um von anderen zu lernen. Sieh dir Antons Beispiel an:

Anton ist ein Beobachter. In Teamsitzungen lehnt er sich zurück, hört sich die Wortmeldungen an und überlässt das Reden anderen. Im richtigen Moment aber fasst er den Diskussionsstand übersichtlich zusammen und bringt Vorschläge ein, die er wie Fragen formuliert. Das hört sich dann so an:

„Glauben wir wirklich, mit zusätzlichen Ressourcen die Erträge um 15% steigern zu können?"; „Warum investieren wir nach dem Gießkannenprinzip, anstatt unsere knappen Mittel für das chancenreichste Produkt einzusetzen?"; „Sollten wir uns nicht vorher informell mit dem CFO abstimmen?".

Anton ist intelligent genug, um mit Fragen zu führen. Denn er ist nicht der Chef, und dem will er nicht auf die Zehen treten. Sein Chef wiederum ist intelligent genug, den Ball aufzunehmen, den Anton ihm zuspielt. Er antwortet nicht, sondern wirft eine Gegenfrage in die Runde: „Welche anderen Meinungen habt ihr zu diesem Thema?". Er selbst wird in der nächsten Vorstandssitzung ähnliche Gesprächstechniken wie Anton anwenden.

Mit der Zeit wandelt sich Antons Unternehmen zu einer fragenden Organisation, in der großmäulige Egos bald in der Minderzahl sind. Menschen wie Anton und sein Chef wissen: Fragen helfen, kollektive Intelligenz zu entwickeln, tote Winkel zu entdecken und Sachverhalte mal aus der Wurm-, mal aus der Vogelperspektive zu erkunden.

Klar, dass man nur mit Fragen und Diskutieren keine Tore schießt. Es muss auch einer mal eine Entscheidung treffen und diese konsequent umsetzen: Fachkompetenz muss notwendigerweise durch Umsetzungskompetenz ergänzt werden. Das kann Anton natürlich auch. Egal, was er anpackt: sein Handeln wird jedenfalls auf einer informierten, einer *intelligenten* Entscheidung fußen.

Integration hat in zweierlei Hinsicht mit Werten zu tun. Erstens heißt Integration, Personen mit anderen Werthaltungen in die eigene Gruppe reinzuholen und ihnen eine Berechtigung zum Anderssein zuzusprechen. Zweitens ist Integration selbst eine Lebenseinstellung.

Was braucht es, um Integration zu leben? Da fallen mir doch gleich andere Werte wie Offenheit, Toleranz oder Neugier ein. Gewiss ist auch Kommunikation eine weitere Voraussetzung für gelingende Integration. Kommunikation und Integration bedingen einander, denn integratives Verhalten ist einer der Eckpfeiler sozialer Kompetenz.

Die wichtigste Voraussetzung für integratives Verhalten in Menschen ist für mich jedoch eine ausgeprägte „Ich-Stärke". Was ich damit meine? Eigenschaften wie „Rückgrat", Durchsetzungsvermögen, Selbstbehauptung und Leadership – und dazu den Willen und die Fähigkeit, diese Eigenschaften in einer sozialverträglichen Art und Weise in unserem Umfeld zur Geltung zu bringen.

Warum „Ich-Stärke" wichtig ist? Jene Menschen, die in einer Opferrolle verharren, die sich im Weltschmerz suhlen oder ein Wertschätzungsdefizit pflegen, sind nicht stark genug, um Integration zu bewerkstelligen. Integrationsarbeit ist nämlich Kraft- und Ausdauerarbeit. Nix für Luschis. Du musst gegen den Strom schwimmen. Du musst Überzeugungsarbeit leisten. Du musst Denkbarrikaden einreißen. Du musst es mit Bewahrern des Status Quo aufnehmen und vielleicht auch unfaire Praktiken von Integrationsgegnern über dich ergehen lassen. Mitarbeiter aus Integrationsinitiativen verstehen mich nur zu gut.

Was das nun alles mit der Arbeitswelt zu tun hat?

Integrationsarbeit ist ein wesentlicher Baustein gelingender Change-Prozesse. Dein Change-Team sollte daher aus Personen mit überdurchschnittlicher Sozialkompetenz bestehen. Darüber hinaus sollten sie allerdings auch Umsetzungskompetenz und „Ich-Stärke" mitbringen. Warum braucht es sozialkompetente *Change Agents*? Diese Menschen ziehen andere mit und können sie kraft ihrer Kommunikations- und Teamfähigkeit für eine neue Form des Arbeitens motivieren. Was es mit der Umsetzungskompetenz auf sich hat? Diese Mitarbeiter können ihre PS rasch auf die Straße bringen. Sie sind Meister darin, ungewohnte Gedanken in die Praxis zu transponieren. Zu guter Letzt braucht es ich-kompetente Menschen, denn diese brennen bei den genannten Herausforderungen nicht aus.

Integrität – ja, gibt´s die denn noch? Die Juristen unter uns werden unweigerlich an den redlichen Kaufmann erinnert, der sich in seiner wirtschaftlichen Gebarung stets an den guten Sitten orientiert. Als ich noch studierte, tat sich vor meinem geistigen Auge das Bild eines backenbärtigen Hanseaten auf – knochentrocken, kalkulierend, hart im Verhandeln, aber stets auf Fairness und Handschlagqualität bedacht. Soweit zumindest die naive Vorstellung eines Erstsemestrigen.

Integrität hat – wie andere Werte auch – eine persönliche, eine organisational-soziale und eine rechtliche Komponente. Letztere hat aufgrund von Wirtschaftskrisen und -skandalen eine größere Beachtung erlangt. In dem Ausmaß, in dem Integrität (zumindest gefühlt) im Wirtschaftsleben an Bedeutung verliert, nehmen legistische Bemühungen zu, die den Wirtschaftstreibenden solche Werte wie Anständigkeit, Ehrlichkeit und Redlichkeit mit Zwang und Sanktionen einbläuen wollen. Dazu folgendes Beispiel:

„Oh nein, nicht schon wieder so ein dämliches Gesetz", stöhnt ein deutscher Compliance-Experte im Sommer 2020. Was ist passiert? Das „dämliche Gesetz", auf das sich der Manager bezieht, nennt sich „Gesetz zur Stärkung der Integrität in der Wirtschaft" („Verbandssanktionsgesetz"). Das Ziel des unaussprechlichen Gesetzes? Die Förderung von Compliance in Unternehmen, d.h. Manager sollen sich endlich verdammt nochmal gesetzestreu und gemäß den allgemein gültigen Wertvorstellungen des europäischen Wirtschaftslebens verhalten.

Zwölf Jahre nach dem Ausbruch der Finanzkrise, halb so viele seit den Anfängen von „Dieselgate" und - als ob es noch einen weiteren Anlass für ein solches Gesetz gebraucht hätte - im Jahr des Wirecard-Skandals, fordert der Gesetzgeber also erneut mit erhobenem Zeigefinger eine Verhaltensänderung unserer Manager ein und gebietet striktere Überwachungsmaßnahmen.

Was dieses Gesetz in den Augen von Praktikern - wie unserem Compliance-Experten - so „dämlich" macht?

Es fordert angemessene Vorkehrungen zur Vermeidung, Aufdeckung und Sanktionierung von Gesetzesverstößen. Darüber hinaus moniert es die kontinuierliche Überprüfung und Verbesserung von Compliance-Maßnahmen. Blablabla…

„Häh – was soll das denn heißen?", fragt der Compliance-Experte. „Eine generellere und praxisuntauglichere Formulierung ist unseren Beamten wohl nicht eingefallen. Als ob wir uns nicht ohnehin schon seit Jahren mit Compliance- und Geldwäschevorkehrungen zu Tode administrieren …".

Tatsächlich stellt sich die Frage, ob es noch mehr integritätsfördernde Vorschriften braucht, welche Heerscharen von Mitarbeitern, leitenden Angestellten und Aufsichtsräten beschäftigen. Die beste „Vorkehrung zur Vermeidung von Gesetzesverstößen" ist immer noch eine wertebetonte Organisationsentwicklung, kontinuierliches Werte-Training und Werte-Coaching für Arbeitnehmer aller Unternehmensschichten.

Integrität in der Wirtschaft braucht gelebte Wertevorbilder und unablässige Wertekommunikation. Auf diese Art und Weise durchdringt sie alle Ebenen einer Organisation von oben nach unten und wird dort dauerhaft verankert. Verordnet werden können Haltungs- und Bewusstseinsänderungen nicht.

Der nächste Bilanzbetrug wartet schon um die Ecke, Prävention durch Rechtsvorschriften wird nicht genügen. Und der Aufschrei der Politik und der Öffentlichkeit wird laut sein: „Jetzt haben wir so viele Gesetze erlassen – und noch immer kapieren es unsere Manager nicht…".

Magdalena hat ihre Karriere als Juristin im Beteiligungsmanagement eines großen Konzerns begonnen. Obwohl ihr das logisch-analytische Denken liegt, ist sie nie der klassische „Zahlen-Daten-Fakten-Typ" gewesen. Ihre juristische Grundausbildung und ihr messerscharfer Verstand waren die bestimmenden Faktoren dafür, dass sie ihren Einstiegsjob bekam. Auch als sie Team-Lead und später Abteilungsleiterin wurde, waren diese Eigenschaften für ihren beruflichen Erfolg bestimmend.

Als sie nach Jahren harter Arbeit in den Vorstand eines Unternehmens berufen wurde, erkannte sie, dass Entscheidungen - vor allem strategische - nicht nur wissensbasiert getroffen werden. Nachdem es Magdalena gewohnt war, alles zu wissen und informierte Entscheidungen zu treffen, war sie in ihrer neuen Funktion zunächst überfordert. Sie bemerkte rasch, dass es ihr nunmehr unmöglich war, alles zu wissen und Probleme kraft ihres fachlichen Erfahrungsschatzes zu lösen. Da entdeckte sie plötzlich eine hilfreiche Eigenschaft an sich selbst, die sie ihre „spirituelle Seite" nannte.

War Magdalena der Esoterik verfallen? Keineswegs. Sie spürte, dass ihr in schwierigen Situationen plötzlich ein hilfreicher Engel namens „Intuition" zur Seite stand. Was es damit auf sich hat? Ich will's dir erklären:

Magdalena hat mit der Intuition eine Form des Wissens für sich entdeckt, die nicht auf Methodik, Logik oder analytischem Verstand beruht. Eine Ausprägung des Wissens, welche wir nicht in Büchern erlernen, sondern nur erleben können. Ein Bauchgefühl, das uns spüren oder ahnen lässt, was richtig oder falsch, angebracht oder unangebracht, tunlich oder untunlich ist.

Die Intuition ist eine Erkenntnis, die nicht auf einem kognitiven Nachdenkprozess beruht, sondern plötzlich da ist – schwupps, so wie das Kaninchen aus dem Hut. Die Intuition ist etwas unbewusst Gewusstes. Ein verinnerlichtes Wissen, das wir im Laufe unseres Lebens durch Erfahrungslernen und soziale Interaktion erworben, aber zwischenzeitig wieder vergessen haben. Ein Wissen, das unter der Oberfläche immer vorhanden ist und sich insbesondere dann aufdrängt, wenn unser kognitives Leistungsvermögen mit Komplexitäten und Widersprüchlichkeiten nicht fertig wird. Damit übernimmt die Intuition die Funktion eines Kompasses, der uns die Richtung weist, wenn wir im Nebel stochern.

Magdalena verfügt - wie viele erfolgreiche Führungskräfte - mit ihrer Intuition über eine wichtige persönliche Kompetenz, die in einer „VUKA"-Arbeitsgesellschaft immer bedeutender wird. Intuition gibt ihr den Halt und die Orientierung, die sie braucht, wenn sie von <u>V</u>olatilität, <u>U</u>nsicherheit, <u>K</u>omplexität oder <u>A</u>mbiguität umgeben ist.

Magdalena ist sich dieser Kompetenz bewusst und schätzt sie überaus – so sehr, dass sie die Intuition zu einem ihrer Lieblingswerte auswählte, als sie meinen *Werte-Assistenten*[1] absolvierte.

Wer weiß – wäre sie ohne Intuition in ihrer komplexen und verantwortungsvollen Position dermaßen erfolgreich?

---

[1] Online-Tool für Wertecoaching und -analyse, siehe www.klareansagen.com/tools

Wenn ihr euch die 145 Werte des *Werte-Assistenten*[2] anseht, werden euch einige auffallen, mit denen ihr euch identifizieren könnt. Andere hingegen werden vielleicht nicht auf euch zutreffen. Einige Werte werden euch geläufig sein, weil sie in unserer Gesellschaft ständig propagiert werden und somit auf jedermanns Radarschirm sind. Bei anderen hingegen werdet ihr euch fragen, welche Bedeutung sie haben – oder ob sie überhaupt Werte darstellen.

Als ich den Werte-Katalog für den *Werte-Assistenten* zusammenstellte, fragte ich mich, ob der Begriff *Kampf* überhaupt eine Werthaltung bzw. Lebenseinstellung sein könne. Nachdem ich - wie viele von euch - von der westeuropäischen Nachkriegsgesellschaft geprägt worden bin und Gewalt ablehne, war für mich zunächst klar, dass es sich bei diesem Begriff nicht um einen Wert handelt. Als ich mich jedoch an meine Berufsjahre in der Ex-UdSSR erinnerte, fiel mir auf, dass andere Wertegemeinschaften ganz anders ticken als ich – oder eben wir Westeuropäer. Um einen möglichst universellen Werte-Katalog zu kreieren, der auf alle Menschen, Kulturkreise und Gesellschaften anwendbar und für jedermann anschlussfähig ist, entschied ich mich, solche Werte wie Kampf, aber auch Macht, Durchsetzungsvermögen oder Wettbewerb aufzunehmen. Es geht beim *Werte-*

---

[2] Online-Tool für Wertecoaching und -analyse, siehe www.klareansagen.com/tools

Assistenten schließlich nicht darum, ausschließlich gesellschaftlich erwünschte, sozialverträgliche und politisch propagierte Ideale, Tugenden oder Moralvorstellungen aufzuzählen.

Kampf muss außerdem nichts mit physischer oder psychischer Gewalt zu tun haben, sondern kann auch als Auseinandersetzung, Kontroverse, Streit oder Widerstand begriffen werden. Auch wenn derlei Begriffe mancherorts nicht mehrheitsfähig sind und aus Gründen politischer Korrektheit unter den Tisch gekehrt werden: für viele Menschen haben solche Werte eine größere Bedeutung, als sie zugeben möchten. Kampfeslust kann nicht zuletzt ein Indiz für das Vorliegen wichtiger persönlicher Kompetenzen, der „Ich-Kompetenzen" sein. Ohne diese „Ich-Stärke" - darunter verstehe ich die Fähigkeit, unser eigenes Wohlergehen in herausfordernden Situationen in angemessener Weise über jenes unserer Mitmenschen zu stellen - könnten wir nicht für die Erreichung unserer Ziele eintreten.

Menschliches Streben ohne Kampf? Undenkbar. Wir würden in der Arbeitswelt untergehen.

Wie unterschiedlich die Auffassungen von Kontrolle sein können, erlebte ich das erste Mal, als ich kurz nach dem Zerfall der UdSSR eine Führungsfunktion in einer ukrainischen Bank innehatte. Damals war ich dort als Financial *Controller* angestellt – eine Berufsbezeichnung, die in der Ex-UdSSR zu allerlei Missverständnissen Anlass gab. Controlling war zu jener Zeit dort nicht bekannt, und jeder interpretierte meine Funktion anders.

Der Vorstand - ein gelernter Sowjet-Apparatschik - sah in mir den Spitzel des österreichischen Head Office und stufte mich als vertrauensunwürdig ein. Die Kollegin, die für die Revision zuständig war, fragte sich, was eigentlich ihre Aufgabe sei, wenn es doch ohnehin einen „Kontrollor" gäbe und stufte mich als Konkurrenten ein. Meine Mitarbeiter in der Buchhaltung lehnten mit der größten Selbstverständlichkeit jede Eigenverantwortung ab und verlangten von mir, jeden Handgriff persönlich zu überwachen. Ich sei doch schließlich der *Natschalnik* (Leiter) und daher in guter alter Sowjettradition für ihre Supervision zuständig. Selbstbestimmtes Arbeiten war für meine Kollegen ein Fremdwort.

Ihr merkt schon: meine Zeit in Kiev war von schwer auflösbaren Auftrags- und Rollenkonflikten geprägt, an denen ich manchmal zu verzweifeln drohte.

Abgesehen davon, dass ich mir meine fachliche Nische in der Bank erkämpfen musste, drohte ich allerdings auch an einer anderen Aufgabe zu scheitern: der Personalführung. Ich war jung und vollkommen unerfahren in diesen Dingen. Glaubt bloß nicht, mein Arbeitgeber hätte mich darauf vorbereitet. Keine Leadership-Seminare, kein Coaching, gar nix bekam ich. Ganz zu schweigen von einem interkulturellen Training, das mich auf die *Dos and Don'ts* in einem vollkommen unbekannten Umfeld vorbereitet hätte. Nicht einmal meine Führungseignung war abgetestet worden, bevor ich den Expatriate-Vertrag unterzeichnete.

In diesen Jahren, als ich Leadership *on the job* erlernen musste, fragte ich mich oft, wieviel Kontrolle es eigentlich in der Personalführung braucht. Die Antwort, die ich mir zurechtzimmerte, lautete folgendermaßen:

Soviel wie nötig, um das Sicherheitsbedürfnis der Mitarbeiter zu befriedigen.

So wenig wie möglich, um sie ihre Selbstwirksamkeit spüren zu lassen.

Diese Merksätze sind für mich noch heute - dreiundzwanzig Jahre später - ein brauchbares Rezept, um Mitarbeitern ein Gefühl der Verbundenheit zum Vorgesetzten zu vermitteln und in ihnen Lust auf Selbstverantwortung zu wecken.

Das Bedürfnis nach Verbundenheit mit anderen Menschen und der Wunsch nach selbstbestimmtem Handeln sind die essenziellsten Triebfedern menschlichen Verhaltens – und daher auch unseres gemeinsamen Arbeitens.

Wie wir eingangs gesehen haben, sind diese Bedürfnisse je nach Kulturkreis und Individuum unterschiedlich ausgeprägt. Personalführung bedeutet daher, ein situationsadäquates Gleichgewicht zwischen Kontrolle und „Leine lassen" zu finden.

Kennst du diese Situation? Der Chef schlendert lässig durch sein hochkarätiges Expertenteam *(O-Ton des Chefs: „Der Maschinenraum mit den Erbsenzählern")* und fragt seine Mitarbeiter: „Na, alles unter Kontrolle?" *(Übersetzung: „Sagt bloß `Ja´ und lasst mich mit euren Problemen zufrieden.")*. Dienstbeflissen recken die Kollegen dem Chef den nach oben gestreckten Daumen entgegen, setzen ihr bestes Lächeln auf und antworten unisono: „Klar, alles bestens"; „Alles im Griff, Chef"; „Alles unter Kontrolle" *(Übersetzung: „Hau´ bloß schnell wieder ab und gib nicht vor, dich für unsere Arbeit zu interessieren, von der du eh keinen Schimmer hast.")*.

Es handelt sich hier um ein Ritual. Der Chef fingiert Nähe zu seinem Team, die er nicht wirklich empfindet. Alle wissen und akzeptieren das. Die Teammitglieder wiegen den Chef in einer Sicherheit, die sie selbst nicht wirklich empfinden. Der Chef weiß und akzeptiert das. Klingt nach Selbstbetrug? Definitiv. Warum machen alle dabei mit? Weil es eine eingespielte Routine ist, die beziehungsstärkend wirkt und eine gewisse Verbundenheit zwischen den handelnden Personen entstehen lässt.

„Alles unter Kontrolle" ist eine erwünschte, eine beruhigende Antwort. Hat sie jedoch Aussagekraft? Gibt sie auch nur annähernd das Denken und Fühlen der Mitarbeiter wieder? Wohl kaum. Allerdings ist der Chef der Verantwortungsträger, von dem erwartet wird, dass er alle Situationen beherrscht. Jenen Menschen, die alles unter Kontrolle haben, überträgt man gerne Handlungsmacht und Personalführung.

Tatsächlich unterliegen der Chef und sein Team einer Kontrollillusion. Sie täuschen sich regelmäßig über den Umfang und die Wirksamkeit von Kontrolle. Je weniger Einfluss die Menschen auf die Ereignisse in ihrer Umgebung haben, desto stärker tritt dieses Phänomen auf. In Unternehmenskrisen konnte ich dies häufig beobachten: je chaotischer die Situation, desto begieriger sind Menschen nach einer Bestätigung, dass sie noch selbstbestimmt handeln. Dadurch erzeugen sie trügerische Stabilität, die ihrem Wunschdenken entspricht, aber in der Realität nicht abgebildet wird.

Die Kontrollillusion erfüllt durchaus ihren Zweck. Sich Kontrollfähigkeit vorzugaukeln, macht Mut und motiviert. Würden wir uns eingestehen, dass alles aus dem Ruder läuft, und wir herzlich wenig dagegen tun können, würden wir die Hände in den Schoß legen.

Besonders umsetzungs- und zielorientierte Menschen wie Führungskräfte geben sich gerne der Kontrollillusion hin. Verantwortungsträger brauchen dieses Aufputschmittel, um durchzuhalten.

Allerdings benötigen sie in Krisensituationen auch Selbstreflexion, um die Schattenseiten der Kontrollillusion zu erkennen und deren Effekten zu entfliehen. Die Kontrollillusion täuscht nämlich - wie bereits erwähnt - Sicherheit vor und macht daher weniger wachsam. Sie wirkt darüber hinaus wie ein Amphetamin, das große Kräfte verleiht und zur Selbstüberschätzung führt. Sie sichert auch den Führungsanspruch ab, denn wer in unserer Gesellschaft nicht jederzeit alles im Griff hat, gilt als ohnmächtig und verwirkt seine Position. Dadurch werden Manager verleitet, falsche Kontrollversprechen abzugeben, Fehler zu vertuschen und notwendige Korrekturen zu unterlassen. Die Finanzkrise und die Wirtschaftsskandale der letzten Jahre haben uns zuhauf Beispiele dafür geliefert.

Unternehmensführung und Politik könnten vom Eingeständnis profitieren, dass Versagen natürlich ist, Fehler unvermeidbar sind, und Kontrolle nie hundertprozentig den gewünschten Erfolg garantieren kann. Diese Einsicht wäre einerseits psychisch entlastend für Führungskräfte, andererseits könnten Schadensfälle in der Wirtschaft hintangehalten werden.

Versteht mich nicht falsch – *Kontrolle* ist vorteilhaft, *Kontrollillusion* hingegen ist schädlich.

„Oh mein Gott, lass´ uns bloß die Emotionen draußen halten", hörte ich vor einiger Zeit einen CEO raunen – und das nicht zum ersten Mal. Emotionen und Arbeiten, das geht für viele Führungskräfte nicht zusammen. Klar – wenige von ihnen sind im Umgang mit Emotionen geschult, und dieser Psychoquatsch macht einen schon ein bisschen unsicher.

Einer der wesentlichsten Werte in der Arbeitswelt ist für mich die Leidenschaft. Leidenschaft ist Emotion pur. Muss sie daher im Management außen vor bleiben? Schauen wir uns ein Beispiel dazu an:

Michael hat eine Herkulesaufgabe vor sich. Er hat eben die Geschäftsführung eines mittelständischen Produktionsbetriebs übernommen und sich gleich mal ein Bild von der Lage gemacht. Auf den ersten Blick kann er nur ein einziges Positivum erkennen: die unmittelbare Gefahr einer Insolvenz wurde aufgrund einer finanziellen Restrukturierung gebannt. Den Hausbanken sei Dank. Oder vielmehr gebührt der Dank seinem Vorgänger Herbert, einem erfahrenen Interimsmanager, der das Schlimmste abwenden konnte.

Was unterscheidet die beiden? Herbert ist ein erfahrener CFO, der diesen Job nicht zum ersten Mal gemacht hat. Ein „Zahlen-Daten-Fakten-Typ", ein „Macher", ein „Direktsprecher". Jemand, der auch dreinhauen kann, wenn´s sein muss. Ein

„Mann für´s Grobe", der unpopuläre Maßnahmen durchpeitschen kann. Ist er ein Kommunikator, ein Menschenfreund, ein Manager für den Normalbetrieb? Wohl kaum. Sobald das Ärgste durchgestanden war, verließ er im Einvernehmen mit dem Eigentümer das Unternehmen und wurde durch Michael ersetzt.

Herbert versteht Zahlen, Michael versteht Menschen.

Mehrfach hat Michael sein Geschick als Change-Manager unter Beweis gestellt. Er mag Menschen und kann sein Umfeld mitreißen. Er empfindet Leidenschaft für seinen Job und kann diese Leidenschaft auch in seinen Mitarbeitern wecken. Seine Leidenschaft ist der Motor, der ihn antreibt. Sie ist eine wichtige Ingredienz für sein Charisma. Um die Organisation neu aufzustellen und die restrukturierungsgeplagten Mitarbeiter für moderne Arbeitsweisen zu begeistern, ist er genau der Richtige. Er ist ein Virtuose am Klavier der Emotionen und weiß, wie er seine Vision für dieses Unternehmen verkaufen muss.

Herbert, der knochentrockene Restrukturierer, hält es wohl mit Helmut Schmidt: "Keine Begeisterung sollte größer sein als die nüchterne Leidenschaft zur praktischen Vernunft", soll der einmal gesagt haben.

Michael hingegen arbeitet nach dem Motto: "Durch die Leidenschaften lebt der Mensch, durch die Vernunft existiert er bloß " (Nicolas Chamfort).

Ihr merkt an meinem Beispiel: Vernunft und Leidenschaft haben ihre Berechtigung im Management – allerdings zu unterschiedlichen Zeitpunkten und in verschiedenen Situationen.

Anerkennung, Geld und Macht: *die* Motivatoren schlechthin für Top-Führungskräfte, meinen die einen. Das seien doch nur Motivatoren für schlechte Führungskräfte, meinen die anderen. *New-Work*-Proponenten wiederum sehen darin Merkmale einer alten Arbeitswelt, die auf moderne, kooperativ-flache Formen des Zusammenarbeitens nicht mehr zutreffen.

Macht – für viele Arbeitnehmer ein grässliches Wort, für wenige anschlussfähig. Die meisten Menschen, die den *Werte-Assistenten*[3] absolvieren, geben an, dass ihnen dieser Wert wenig bis nichts bedeutet. Nicht weiter verwunderlich, da dieser Begriff in den letzten Jahrzehnten an Gesellschaftsfähigkeit eingebüßt hat, ja sogar regelrecht dämonisiert wurde. Zu sehr klingt er einfach nach Gewalt, Hierarchie, Druck, Zwang und all den Dingen, die wir heute ablehnen. Wer bekennt, dass Macht für ihn bedeutsam ist, wird mit Argwohn betrachtet und gemieden.

Macht hat allerdings zwei Facetten.

Du kannst die Macht *über jemanden* haben. Damit kannst du also jemanden anderen anweisen, etwas zu tun oder zu unterlassen – im Sinne einer *Zwangsbefugnis*, die du

---

[3] Online-Tool für Wertecoaching und -analyse, siehe www.klareansagen.com/tools

auf eine sozial erwünschte oder unerwünschte, legitime oder illegitime Weise erlangt hast.

Du kannst aber auch die Macht haben, *etwas zu tun*, d.h. eine Sache anzupacken, eine *Gestaltungsbefugnis* auszuüben oder deinen Einfluss geltend zu machen. Klingt doch schon etwas positiver, meinst du nicht?

„Macht" kommt jedenfalls von „machen" (tun, anpacken, gestalten, umsetzen, „die Bäume ausreißen"). In diesem Sinne ist also mächtig, wer *Umsetzungs- oder Handlungskompetenz* besitzt. Was ich genau darunter verstehe?

Darunter verstehe ich die Neigung und Fähigkeit eines Menschen, rasch vom Denken ins Tun zu kommen. Gestaltungswille, Umsetzungsorientierung, Entscheidungsfreude und Ausführungsbereitschaft sind dafür kennzeichnend. Handlungsbereite Menschen sind tendenziell impulsiv, innovativ und geistig und/oder körperlich mobil. Sie handeln ziel- und lösungsorientiert, denn sie sind in der Lage, ein Ziel, einen Zweck oder einen Nutzen zu erkennen und erfolgreich anzusteuern. Persönliche Werte wie Abenteuerlust oder unternehmerisches Handeln sind ebenfalls förderlich, um Handlungskompetenz entstehen zu lassen.

Wie denkst du nun über Macht? Ich wette, mit dem Typus des handlungsbereiten Gestalters kannst du dich anfreunden.

MACHT VS. FREIHEIT

„Am Anfang meiner Karriere hatte ich keine Macht und fühlte mich frei. Heute habe ich Macht und fühle mich gefangen", denkt Giselle wehmütig, als sie um sechs Uhr morgens vor ihrem Schminktisch sitzt. Unschlüssig blickt sie in den Spiegel und verspürt keine Lust, ihre `Kriegsbemalung´ aufzutragen. Je länger sie ihr Spiegelbild anstarrt, desto stärker verspürt sie ein mulmiges Gefühl in der Magengrube. Das Unwohlsein baut sich auf zu Traurigkeit, die Traurigkeit schlägt um in Panik.

„Bin ich alt geworden?", fragt sie ihr Antlitz. „*OMG*, ich bin doch erst 40!!!" Falten sind in ihrem Gesicht zu erkennen, aber es sind nicht die, die sie gerne tragen würde. Ihre Mundwinkel hängen ein bisschen, sie wirkt verhärmt und von Kummer gezeichnet. Die Falten, die sich von den Nasenflügeln bis zum Kinn ziehen, verstärken diesen Effekt. „Das sind die `Magenfalten´ - ein Zeichen, dass Ihnen etwas auf den Magen schlägt", hatte ihr Arzt in seiner gleichgültigen, kalten und fast brutalen Art bemerkt. Giselle war perplex, konnte damit nichts anfragen. Als sie nachfragte, ergänzte der Arzt: „Ja, Sie sind ein `Magentyp´. Jemand, der Stress in sich hineinfrisst, sich nichts anmerken lässt, Emotionen verdrängt."

Ist Giselle wirklich ein `Magentyp´? Was hat ihre Karriere bloß aus ihr gemacht? Welche Werte haben sie im wahrsten Sinne des Wortes `geprägt´, haben ihr diese Falten ins Gesicht gedrückt?

Da wäre zum einen Giselles Genauigkeit, die mittlerweile zum Perfektionismus gereift ist. Wenn für ihre Kollegen eine Leistung passend, akzeptabel oder gar gut ist, gereicht ihr das nicht zur Befriedigung. Sie will immer mehr, und sie will´s immer besser. Gut ist durchschnittlich, und durchschnittlich ist schlecht.

Zur anderen wäre da Giselles fokussierte Ernsthaftigkeit in der Verrichtung ihrer Aufgaben. Diese Eigenschaft hat ihr schon manches Lob von Vorgesetzten eingetragen. Je höher Giselle allerdings die Karriereleiter emporstieg, desto mehr wich diese Ernsthaftigkeit, die sich bis dato lediglich auf ihren Job beschränkt hatte. Vielmehr legte sie sich eine Seriosität zu, die von ihrer gesamten Persönlichkeit Besitz ergriff. Auch abseits des Büroalltags – bei Firmenfeiern, dem *After Work* oder im privaten Freundeskreis – kann sie nun diese Maske, die für sie ein Zeichen von Seniorität ist, nicht mehr ablegen. Die Maske haftet an ihrem Gesicht wie mit Superkleber festgepickt. Gebotoxt wirkt sie, fast versteinert. Geselligkeit, Heiterkeit, Leichtigkeit verweigert sich Giselle. Würde sie solche Eigenschaften an den Tag legen, würde man ihr im Büro den Respekt, die Anerkennung und die Gefolgschaft verweigern – glaubt sie.

Dann wäre da noch Giselles `steife Oberlippe´. Haltung bewahren und sich auch in den schlimmsten Momenten nichts anmerken lassen – das zeugt von wahrer Größe. Ihr Vater, der jahrzehntelang eine dominierende Figur in der deutschen Industrie gewesen war, hatte ihr das steife Korsett vorgelebt. Und wenn ihr Vater mit dieser Eigenschaft so lange an der Spitze geblieben war, dann kann sie doch nicht schlecht sein, oder? Giselle hat die Glaubenssätze ihrer Familie nie hinterfragt, sondern *tel quel* in ihr Leben eingebaut. Selbst im dunkelsten Moment ihres Lebens, als ihr Vater starb, sperrte sie ihre Emotionen weg und machte weiter wie bisher. Die

Magenfalten gruben sich noch tiefer in ihre Mundwinkel, ihre Kinnpartie verzerrte sich langsam zu einem verkehrten `U´.

Was würde Giselle geben, könnte sie doch nur diesen verhassten Mund gegen Lachfalten eintauschen. `Krähenfüsse´ - die hätte sie gerne, die findet sie charmant. Ihre Kollegin Nadja hat diese winzigen, sternförmig von den Augenwinkeln ausgehenden Fältchen. Diese sprühenden Funken bringen ihre Augen – ja ihr ganzes Gesicht - zum Lachen. Die Grübchen in Nadjas Wangen unterstreichen diese Wirkung. Welche Werte lebt Nadja? Was unterscheidet sie von Giselle?

Nadja ist die personifizierte Leichtigkeit, das fleischgewordene Achselzucken, das leibhaftige Augenzwinkern. Sie lacht den Herausforderungen des Lebens in Gesicht und streckt dem Teufel die Zunge raus. Schon als Kind war sie frecher, kecker, extrovertierter als Giselle gewesen. In Giselles Augen ist Nadja nicht unbedingt die hellste Kerze am Leuchter, und doch hat auch sie Karriere gemacht – nicht *trotz*, sondern gerade *wegen* ihrer *Nonchalance*. Während Giselle sich einen seriösen, ernsthaften und disziplinierten Anstrich verpasst und damit zu beeindrucken vermag, fliegen Nadja die Herzen aufgrund ihres Charmes zu. Nadja *beeindruckt* nicht, sie *verzaubert*.

„Wo ist *mein* Lachen geblieben?", fragt sich Giselle verbittert. Sie erkennt, dass nicht die Bürde des Amtes, die Last der Zwänge und die Fesseln der Macht ihr den Genuss des Lachens verwehren. Nicht ihr Umfeld trägt Schuld daran, dass sie des Frohsinns nicht mehr fähig ist. Was ihrem Lächeln im Weg steht, ist Giselles eigene Auffassung von den vermeintlichen Erwartungen, die andere an sie haben. Sie selbst war es, die sich eingeredet hat, dass man Verbissenheit, Härte, Fleiß und

Unterwürfigkeit von ihr erwartet. Sie selbst war es, die sich diese Attribute zu eigen gemacht hat – im Glauben, damit ihrer Karriere einen *Turbo-Booster* zu verpassen. Warum ist sie eigentlich diesem Glauben verfallen?

Giselle kennt die Antwort nicht, will sie auch gar nicht kennen. „Reiß dich gefälligst zusammen", herrscht sie sich mit der ihr eigenen Selbstdisziplin vor dem Spiegel sitzend an. Sie glaubt an sich und ihre Fähigkeit, die Zukunft selbst zu gestalten. Und sie nimmt sich auch jetzt vor, künftig einfach mehr zu lächeln. Sie probiert's, sieht, wie die Mundwinkel langsam nach oben gehen. Definitiv ein ungewohnter Anblick – aber wohltuend. So wohltuend, dass sie sich ab heute jeden Morgen eine Minute dafür Zeit nehmen wird, ihr Spiegelbild so breit wie möglich anzugrinsen.

NEUGIER

Clara ist neugierig und steht dazu. Sie will alles wissen, alles erfahren, alles erleben. Sie will so viele Informationen wie möglich in ihr Leben reinpacken. Sie weiß auch, dass sie andere Menschen manchmal damit nervt. Ihre Mutter hatte sie als Kind schon mit der berühmten `Warum-Frage´ geärgert. „Sei nicht so neugierig!", zischelte die Mutter, nur um diese Bemerkung mit einem unschuldigen Kinderblick und einem „Warum?" quittiert zu bekommen. So war´s nun einmal mit Clara – jeder Versuch von Erwachsenen, ihre Wissbegierde zu ignorieren, spornte sie dazu an, nur noch mehr wissen zu wollen.

Und so wuchs Clara heran, um zu wissen. Auch heute noch fragt sie ihrem Ehemann, ihren Kindern, ihren Freudinnen und überhaupt allen, mit denen sie ins Gespräch kommt, Löcher in den Bauch. Versteht mich recht – Clara tratscht nicht. Sie plaudert keine Vertraulichkeiten aus, ist ein Buch mit sieben Siegeln. Ihr Lebenszweck ist es einfach, so viel wie möglich über ihre Umwelt zu wissen. Wenn sie erfährt, was sie begehrt, speichert sie die Daten in ihrem Gehirn ab. „Es gibt kein Wissen, das zu nichts nutze ist", sagt sie sich. Irgendwann kommt für alles die Gelegenheit, es zu erinnern und anzuwenden. „Und wenn mein Wissen mir selbst nichts nützt, dann vielleicht jemandem anderen."

Clara hat sich über die Jahre in ein lebendes `Wiki´ verwandelt, dessen Datenpool gerne von ihren Bekannten angezapft wird. Sie ist zum Zentrum eines Informationsnetzwerks geworden, in dem andere Menschen die Datenpunkte darstellen. Clara benutzt diese Datenpunkte, um Fakten, Meinungen und Einschätzungen für ihr eigenes Leben zu erwerben. Gerne gibt sie ihre gesammelten Erkenntnisse an die anderen zurück. Dadurch erhält ihre Neugierde eine soziale Konnotation: Clara erwirbt Wissen, um sich mit anderen zu vergleichen, um sich selbst zu bestimmen und sich in ihrem Umfeld orientieren zu können. Sie legt damit ihren eigenen Datenpunkt innerhalb der Gemeinschaft fest, wodurch sie wiederum ihren Mitmenschen zur Orientierung verhilft.

Indem Clara über den Zaun blickt und Neuigkeiten erfährt, definiert sie sich selbst. Sie baut diese Neuigkeiten in ihr Leben ein und lässt sie einen Teil von sich selbst werden. Dabei denkt sie manchmal daran, was ihre Mutter stets gesagt hatte: „Pass auf, was du in deinen Kopf reinsteckst. Du kriegst es nicht mehr raus." Und so versucht sie, jene Neuigkeiten zu erfahren, die ihr positive Erlebnisse bescheren. Neuigkeiten eben, die sie wachsen lassen und nützlich sind. Neuigkeiten, die negative Emotionen hochkommen lassen – Wut, Angst, oder Eifersucht – blendet sie tunlichst aus. Jedoch weiss Clara, dass niemand diese selektive Wahrnehmung perfektionieren kann, dass sich negative Erfahrungen nicht vermeiden lassen und genauso ein Teil ihrer Existenz werden.

Natürlich ist Clara als neugieriger Mensch auch in den sozialen Medien unterwegs. Sie scrollt durch Instagram, um zu sehen, was ihre Freunde so treiben. Unweigerlich bekommt sie dadurch die Einstellungen dieser Menschen zu Corona, Gender- oder Migrationsfragen mit. „Jeden Tag diese Themen serviert zu bekommen, kann ganz schön nerven", gibt Clara zu. Obwohl sie spürt, dass die Beschäftigung mit diesen Themen für sie stressig ist und ihren normalen Stresslevel noch erhöht, ahnt sie, dass sie diese Informationen zur Standortbestimmung in unserer schnelllebigen und veränderlichen Gesellschaft braucht. Sie will wissen, was für sie wichtig oder unwichtig ist, was sie vertiefen soll oder vernachlässigen kann, wofür oder wogegen sie sich engagieren soll. Clara modelliert sich selbst mit den Informationen, die sie aufsaugt, und hilft damit anderen Menschen, sie einzuordnen und zu verstehen.

Clara ist sich bewusst, dass wir Wesen sind, die durch jene Geschichten zum Leben erweckt werden, die wir über uns selbst erzählen. Wir sind neugierig, um zu erfahren, und erfahren, um uns ein Bild jenes Menschen zu schnitzen, der wir sein wollen. Eigentlich sind wir weniger Menschen aus Fleisch und Blut, als vielmehr Wesen aus Informationen, die wir als wahr oder unwahr annehmen.

Je mehr sich Clara mit ihren Werten, Haltungen und Einstellungen beschäftigt, desto mehr kommt sie zur Erkenntnis, dass die Auffindung ihres Lebenssinns ohne Neugier unmöglich wäre. „Neugier ist mein Bemühen, die Welt mit Sinn zu erfüllen", sinniert sie und schwört, nie mit dem Fragen aufzuhören.

SICHERHEIT VS. AUTONOMIE

Das Bedürfnis nach Sicherheit ist einer der wichtigsten Treiber menschlichen Verhaltens. Die Sehnsucht nach Geborgenheit ist ebenso darauf zurückzuführen wie unser Hang zum Gewohnheitsdenken.

Sicherheit kann man sich kaufen, indem man Schutzgeld an einen Erpresser zahlt, sich einen Bodyguard mietet oder in eine Alarmanlage investiert. Schwächere erkaufen sich Sicherheit, indem sie die Verantwortung für ihre Existenz an Stärkere übertragen. „Ich tu´, was du sagt, und du beschützt mich dafür" – so wurden Hierarchien geboren und am Leben erhalten. So haben wir´s gehalten, seit die flache Sozialstruktur der Neandertaler durch komplexere Formen des Zusammenlebens abgelöst wurde.

Heute leben wir aber im einundzwanzigsten Jahrhundert, und die Hierarchien bröckeln zusehends. Wenig verwunderlich, dass meine Studie „Werte in der Arbeitswelt 2020" zeigt, dass Autonomie, Selbstbestimmung und Unabhängigkeit zu den meistgeschätzten Werten der arbeitenden Bevölkerung zählen. Der Trend zur Werteverschiebung ist in der Arbeitswelt seit Jahren sichtbar: weg von direktiv funktionierenden Hierarchien und hin zu *New Work* – ein Konzept, das vor allem durch Selbstorganisation und weitgehend hierarchiefreies, kollaboratives Arbeiten gekennzeichnet ist.

Einer Umfrage der Zeitschrift „managerSeminare" war kürzlich zu entnehmen, dass 81% der Arbeitnehmer in einem Arbeitsumfeld, das von *New Work* gekennzeichnet ist, mit eigenverantwortlichem und selbstorganisiertem Handeln schwer zu Rande kommen. 46% der Befragten beklagen eine Orientierungslosigkeit durch fehlende Hierarchien.

Wenn ich nun meine Werte-Studie mit der zitierten Umfrage vergleiche, lautet das Ergebnis: „Arbeitnehmer wollen zwar autonom sein, brauchen aber die Anleitung durch einen hierarchisch Vorgesetzen."

Klingt nach Widerspruch? Tatsächlich scheint das „Wollen" und das „Können" der Arbeitnehmer auseinanderzuklaffen: der Wunsch nach Autonomie ist vorhanden, allerdings vermögen sich viele Menschen in der Arbeitspraxis nicht autonom zu verhalten. Untermauert wird diese These wohl auch dadurch, dass laut der oben genannten Umfrage 60% aller Arbeitnehmer in einem von *New Work* geprägten Umfeld Probleme mit der Selbststeuerung haben. Anders ausgedrückt: Sie kriegen ihre PS nicht auf die Straße, weil es ihnen an intrinsischer Motivationsfähigkeit mangelt.

Dieser Widerspruch lässt sich vielleicht dadurch erklären, dass wir zwar selbstbestimmt arbeiten *wollen*, aber unsere hierarchiegeprägten Arbeitsgewohnheiten (noch) nicht ablegen *können*. Die Unvereinbarkeit wird sich erst auflösen, wenn sich *New Work* etabliert hat und wir uns nach einiger Zeit an diese Form des Arbeitens gewöhnt haben.

Nachdenklich stimmt mich allerdings, dass auch und vor allem junge Berufseinsteiger ein erhöhtes Sicherheits- und Anleitungsbedürfnis aufweisen. Mit vollkommen hierarchiefreiem und weitgehend selbständigem Arbeiten sind viele Junge überfordert.

Ich meine daher, dass es keineswegs Sinn macht, Hierarchien einzureißen – denn sie geben Sicherheit und Orientierung. Es braucht lediglich einen anderen Führungsstil nach folgendem Rezept: Die Vorgesetzten geben nicht mehr vor, was *getan* werden soll. Vielmehr geben sie vor, was *erreicht* werden soll. Darüber hinaus zeigen sie unterstützend jene Optionen auf, mit denen diese Ziele erreicht werden können. Innerhalb dieses Rahmens lässt es sich mit einem erhöhten Autonomiegrad arbeiten.

Vielleicht ist das eine Option, um unser Sicherheitsbedürfnis mit dem Streben nach Selbstbestimmung in Einklang zu bringen.

Ein Blick in die sozialen Medien genügt, um mich zu beunruhigen. „In unserem Unternehmen herrscht die totale Transparenz", stand da kürzlich auf LinkedIn zu lesen. „Wir reden sogar offen über Gehälter untereinander." Ein anderer Beitrag forderte vehement die Bloßstellung von Führungskräften mit „narzisstischen Tendenzen". In einem Video legte ein Geschäftsleiter einen Seelen-Striptease hin, berichtete über seinen Burn-Out und wurde dafür huldvoll mit Likes überschüttet. Er sei so authentisch, und stünde mit seiner Kommunikation für die offene Kultur in seinem Unternehmen.

Alle fordern Transparenz, und alle machen mit. Wir legen uns freiwillig unter den Röntgenapparat und geben in aller Öffentlichkeit Dinge von uns preis, die wir bis vor einigen Jahren nur im engsten Freundeskreis besprochen oder dem Pfarrer gebeichtet hätten. Unser Verhalten in den sozialen Medien gemahnt an die Selbstentblößungen und -bezichtigungen im maoistischen China oder an den Orwellschen Überwachungsstaat. Die Zurückdrängung des Privaten, Vertraulichen und Geheimen hat zum Ziel, alle nackt dastehen zu lassen. Das Ziel? Gleichheit durch Transparenz. Die Forderung nach mehr Transparenz in Politik und Wirtschaft sei Voraussetzung für eine egalitärere, bessere Welt, meinen die einen. Die mitunter gewaltsame Radikalität, mit der diese Forderung erhoben wird, würde totalitäre Züge annehmen, meinen die anderen.

Transparenz hat unzweifelhaft viel Gutes. Informationsfreiheit bringt Chancengleichheit, ein „level playing field". Korruption, Vetternwirtschaft und Machtmissbrauch werden dadurch zurückgedrängt. Allerdings nimmt mit zunehmender Transparenz auch das Misstrauen unter den Menschen zu. Je mehr Informationen uns zur Verfügung stehen, je mehr Skandale und Verbrechen aufgedeckt werden, desto weniger sind wir imstande, einander zu vertrauen. Wir reden uns ein, dass jene Dinge, die transparent gemacht wurden, ja nur die Spitze des Eisberges seien – wer weiß, was noch alles im Verborgenen schlummert. Und wir schreien nach noch mehr Transparenz. Durch die zunehmende Transparenz gelangt eine Vielzahl von Menschen plötzlich an Informationen, die sie mit ihrem Wissens- und Kenntnisstand nicht verarbeiten können. So wird unter anderem der Nährboden für Verschwörungstheorien bereitet.

Dass Transparenz einen derart hohen Stellenwert – ich möchte fast von einer „Mega-Tugend" sprechen – erreicht hat, liegt an unserer wissensgläubigen Bildungsgesellschaft. Alles muss gewusst werden, nichts darf ungewusst bleiben. Alles muss bewiesen werden, denn nur das spricht für jene Intelligenz, die uns Menschen angeblich auszeichnet. Instinkte hingegen sind etwas für Tiere, und ein Bauchgefühl haben nur dumme Esoteriker. Wissen ist heute wichtiger als Vertrauen, Neugierde bedeutender als Intimität, Kontrolle besser als Glauben. Je mehr wir wissen und dieses Wissen mit anderen teilen, desto mehr Transparenz schaffen wir. Wir erlegen uns aber auch den Zwang auf, Fakten zu beweisen – um jene Menschen zu überzeugen, die sie nicht glauben. Allerdings gilt: Je grösser der Überzeugungsdruck, desto stärker der Gegendruck der Andersgläubigen und Misstrauischen. Je zwingender die Beweise, desto widerspenstiger die Reaktion derer, die sie nicht glauben wollen oder verstehen können. Je mehr Fakten auf wissenschaftlicher Basis generiert werden, desto mehr Kontrolle bedarf es. Fakten müssen schließlich evidenzbasiert sein und ausgemistet werden, wenn sich an ihrer Stelle neue ergeben.

Je stärker unser Bestreben nach Transparenz ist, desto wissensgeiler werden wir. Je wissensgeiler wir werden, desto mehr Daten wollen wir kontrollieren. Je mehr Kontrolle, desto mehr Transparenz – zumindest reden wir uns das ein. Und so geraten wir in eine Endlosschleife, in der sich Transparenz und Kontrolle gegenseitig aufschaukeln.

Durch Transparenz errichten wir unser eigenes Gefängnis, in dem wir dank den Neuen Medien ständig unserem Spiegelbild begegnen. Aufgrund zunehmender Transparenz wissen wir nämlich alle annähernd gleich viel (oder zumindest so viel, dass einige denken, sie seien sich selbst die besten Experten). Wir denken, handeln und fühlen annähernd gleich, sodass wir uns zu einer gleichförmigen Gesellschaft entwickeln, wie es sie noch nie gegeben hat.

Paradoxerweise hat die Transparenz auch dazu geführt, dass immer weniger Menschen die Deutungshoheit über immer mehr Informationen erlangt haben. Die Gesellschaft zerfällt in Influencer und Follower und somit entlang der Bruchlinien diffuser Mega-Meinungen. Die Echoblasen, in denen wir uns aufhalten, werden zwar weniger, vereinnahmen aber immer mehr Menschen. Bis es nur noch Impfgegner und Impfbefürworter, Klimaaktivisten und Klimaskeptiker, Walretter und Walkiller gibt. Für differenziertes Denken bleibt immer weniger Platz.

Welche Konsequenzen zieht Transparenz noch nach sich? Staaten werden unregierbar, weil einfache Bürger im Großen und Ganzen den Wissenstand von Politikern erlangt haben (oder es zumindest glauben). Unternehmen können nicht mehr gemanagt werden, da alle Mitarbeiter über einen ähnlichen Informationspool wie die CEOs verfügen (oder es zumindest glauben). Wissen ist Macht – und wenn alle gleich viel wissen, sind alle gleich mächtig. Transparenz führt also ultimativ zur hierarchielosen Gesellschaft. Das mag die einen freuen, anderen wiederum gereicht es zum Grauen. Transparenz bringt nämlich auch eine führerlose Gesellschaft hervor, in der sich viele Menschen eine Führungsrolle nicht mehr antun wollen. Führer wollen schließlich die Vorteile des Führens genießen: Politiker und Manager wollen anschaffen, befehlen, umsetzen -und für die Machtausübung mit Geld und Anerkennung belohnt werden. Solange moralische und rechtliche Grenzen dadurch nicht missachtet werden, ist das - zumindest für mich - durchaus okay. Wollen wir wirklich die führerlose Gesellschaft, in der jeder Mensch autonom ist und sich bestenfalls in Kleingruppen mit Gleichgesinnten organisiert? Tatsächlich scheint meine Studie „Werte in der Arbeitswelt 2020" (BoD, 2020) diesen Schluss nahezulegen: Autonomie, Selbstbestimmung, Eigenständigkeit und Unabhängigkeit zählen aktuell zu unseren höchsten Gütern. Wir entwickeln uns zu einer Gesellschaft aus „Ich-Inseln", die nebeneinander, aber nicht miteinander existieren.

Immer mehr Menschen versteigen sich zu der Annahme, sie bräuchten keine Führer. Sie lehnen es ab, dem Einen zu folgen und schließen sich stattdessen einem Kollektiv von Gleichdenkern an. Diese Menschen vertrauen darauf, dass sie in diesen Gruppen gut aufgehoben sind und dort jene Entscheidungen getroffen werden, die für sie gut und annehmbar sind. Sie setzen somit auf die Schwarmintelligenz, die allerdings nur die polierte Seite der Münze ist. Die Kehrseite heißt Schwarmdummheit und ist ein Phänomen, dass mindestens gleich weit verbreitet ist. "Ohne Führung gibt es nur einen Mob [, aber keine Institution]", wird Peter Drucker zitiert.

Die zunehmende Transparenz erschwert jene Art der Führung, die bisher gelebt wurde. Was bedeutet das für unsere Manager?

Es bedeutet, dass Führungskräfte für die Herausforderungen in einer transparenten Arbeitswelt gestärkt werden müssen. Diese Herausforderungen bestehen darin, dass ihnen heutzutage in hohem Ausmaß Authentizität, Glaubwürdigkeit, Ehrlichkeit und Redlichkeit abverlangt werden. Wieviel darf eine Führungskraft von sich preisgeben, um diese Werte zu verkörpern, und wieviel muss sie für sich behalten, um sich selbst und die Organisation zu beschützen? Wie nie zuvor bedarf es einer kommunikativen Gratwanderung, um als Führungskraft dauerhalt erfolgreich zu sein.

Die Führungsaufgaben werden dadurch zusätzlich erschwert, dass Arbeitnehmer vehement Empathie fordern, weil sie diese in ihrem beruflichen Umfeld zur Gänze vermissen. Transparenz bedeutet für sie, dass sie ihre Bedürfnisse und Emotionen auf den Tisch legen können, um als „ganzer" Mensch wahrgenommen zu werden und nicht nur mit jenem Persönlichkeitsausschnitt, der am Arbeitsplatz sichtbar ist. Auch diesem Anliegen ihrer Mitarbeiter müssen sich Führungskräfte stellen. Empathisches Verhalten jedoch will gelernt und geübt sein, ansonsten läuft man Gefahr, am emotionalen Glatteis auszurutschen – mit fatalen Folgen für die eigene Karriere oder die gesamte Organisation.

Die Transparenzgesellschaft hat für Manager daher zur Folge, dass sie an dreierlei Fronten besonders gefordert sind: Sie müssen Authentizität ausstrahlen, Empathie zeigen und gleichzeitig ihren Selbstschutz stärken.

Verantwortung hat nichts mit Wissen und auch nichts mit Können zu tun. Verantwortung muss *gefühlt* werden. Verantwortung steht insofern in direktem Zusammenhang mit Intuition, als es um das Erspüren und Erahnen der Tragweite unseres Handelns geht. Was ich damit meine, zeigt das Beispiel von Jessica:

Blaues Business-Kostüm, weiße Bluse, strenge Frisur, konservative Brille. Und natürlich das unvermeidliche *Power-Posing* im LinkedIn-Profilfoto, denn Jessica will Macht, Energie und Motivation ausstrahlen. Tatsächlich ist sie eine junge, ambitionierte Unternehmensjuristin, die sich in ihrem Konzern aufgrund ihres Fachwissens und ihres Durchsetzungsvermögens einen Namen gemacht hat.

Als sie der Ruf in den Aufsichtsrat eines Konzernunternehmens ereilt, fühlt sie sich in ihrer Karriereplanung bestätigt. „Brave Mädchen kommen in den Himmel – kompetente in den Aufsichtsrat", schmunzelt sie und freut sich über ihren Vorstoß in die Welt der *Silverbacks*, der grau melierten, männlichen Top-Entscheider.

Jessica will natürlich bestmöglich auf ihr Mandat vorbereitet sein. Fragen wie „Was darf ich eigentlich?", „Welche Schranken setzt mir die Rechtsordnung, der *Governance Code*, die Satzung?" und „Was weiß ich über Interne Kontrollsysteme?" gehen ihr durch den Kopf. Sie fängt an zu büffeln.

Motiviert und selbstbewusst geht sie in die erste Sitzung. „Denen werde ich schon zeigen, was eine junge Frau draufhat", sagt sie sich kämpferisch. Sie versucht, bei jedem Tagesordnungspunkt mit juristischem Detailwissen zu glänzen. Egal, ob es um das Verlesen der Agenda, *Mergers & Acquisitions* oder Allfälliges geht, Jessica hat überall was zu sagen. Dass sie mit ihren Kommentaren etwas über das Ziel schießt und am besten Wege ist, sich konsequent den Ruf einer Besserwisserin zu erwerben, merkt sie, als sie von einem Kollegen in der dritten Sitzung etwas despektierlich als „unsere Frau Notarin" bezeichnet wird.

Nach der vierten Sitzung lädt sie der Vorsitzende des Aufsichtsrats zu einem informellen Gespräch unter vier Augen. „Ich möchte gerne mit Ihnen besprechen, wie Sie bei uns angekommen sind und wie Sie die Arbeit unseres Gremiums beurteilen", meint er. Jessica antwortet, dass sie sich gut integriert fühle und stolz sei, den Aufsichtsrat mit ihrer Expertise zu unterstützen.

„Tatsächlich", meint der Vorsitzende, „sind Sie die erste Juristin in meiner Funktionsperiode, und die dauert nun schon acht Jahre. Es gab Zeiten, in denen es unserem Unternehmen nicht besonders rosig ging. Konfrontationen zwischen den Eigentümern und der Geschäftsleitung waren an der Tagesordnung, und ich hätte mir jemanden im Gremium gewünscht, der in gesellschaftsrechtlichen Angelegenheiten so firm ist wie Sie." Jessica wähnt sich in ihrer Arbeit bestätigt und lächelt selbstgefällig. Das Lächeln gefriert ihr allerdings, als der Vorsitzende fortfährt.

„Dennoch sind mir in den ersten Monaten unserer Zusammenarbeit Bedenken gekommen, ob Sie sich hier einfügen können. Unser Job im Aufsichtsrat besteht nicht darin, der Geschäftsleitung zu beweisen, dass wir die besseren Manager sind.

Wir müssen davon ausgehen, dass unsere Geschäftsführer kompetent sind und unserer Expertentipps nicht bedürfen. Wäre das nicht der Fall, müssten wir sie ja abberufen. Es ist auch nicht unsere Aufgabe, die Kollegen in juristischen oder anderen operativen Belangen zu beraten – dafür haben sie ja ihre Anwälte und Wirtschaftsprüfer. Ich habe Sie in den letzten Sitzungen beobachtet und meine, dass Sie erst lernen müssen, sich auf der strategischen Ebene zu bewegen und die Details des Tagesgeschäfts der Geschäftsleitung zu überlassen." Jessica schluckt – diese Rüge hat sie nicht erwartet.

„Was heißt das jetzt konkret für mich?", fragt sie den Vorsitzenden verdattert. Dieser rutscht etwas verlegen auf seinem Sessel herum, räuspert sich und holt aus: „Wir Aufsichtsräte tragen jede Menge Verantwortung. Das Wort `Verantwortung´ hat viel mit `Antwort geben´ zu tun. Wir müssen Antworten geben *können*, also das fachliche Vermögen für unseren Job haben. Da haben Sie manchem Kollegen was voraus", meint er zwinkernd. „Wir müssen auch Antworten geben *wollen*, und auch das können Sie, denn Sie sind ja nicht auf den Mund gefallen". Noch ein Zwinkern. „Sie sollen auch antworten *dürfen*, denn ich führe mein Gremium so, dass jeder zu Wort kommt und das Notwendige gesagt wird." Kein Zwinkern mehr – der Vorsitzende wird ernst.

„Am besten werden wir unserer Aufgabe allerdings gerecht," - dabei beugt er sich nach vorn und blickt Jessica eindringlich an - „indem wir keine Antworten geben, sondern *Fragen* stellen. Wir kontrollieren und unterstützen, indem wir offene und reflexive Fragen stellen. Damit versetzen wir die Antragsteller in die Situation, jene Sachverhalte, die sie bereits hundertmal durch ihre eigene Brille betrachtet haben, auch mal aus einer anderen Perspektive wahrzunehmen. Die Kunst eines

Aufsichtsrats besteht also darin, erhellende und verständnisfördernde Fragen zu stellen, die der kollektiven Entscheidungsfindung dienen. Es braucht *Intuition*, um die relevantesten Fragen im richtigen Moment zu stellen. Unser *Ego* lassen wir mal getrost in der Hosentasche." Soll heißen: ein Aufsichtsrat ist kein Forum für Selbstdarsteller.

Das hat gesessen. *Soft Skills* hatte Jessica in ihrem Studium vernachlässigt. Dass ihre Sozialkompetenz verbesserungsfähig ist, hat ihr noch niemand derart schonungslos ins Gesicht geklatscht. Nach diesem Wink mit dem Zaunpfahl des Aufsichtsratsvorsitzenden gelobt sie allerdings, die blinden Flecken in ihrem Persönlichkeitsprofil genauer unter die Lupe zu nehmen.

Der Aufsichtsratsvorsitzende bleibt nachdenklich zurück, nachdem Jessica sein Büro verlassen hat. Hat er die junge Kollegin zu hart angefasst? Waren seine Bemerkungen unfair? Erstaunt über die plötzliche Selbstkritik hebt er seine Augenbrauen und verbannt diese Gedanken sofort aus seinem Kopf.

„Definitiv nicht", meint er halblaut. Die Agenden eines Aufsichtsratsmitglieds sind vielfältig. Es trägt Verantwortung für das Wohl seines Unternehmens. Es ist verantwortlich dafür, dass die *Stakeholder* über alle Ressourcen verfügen, um gut wirtschaften zu können. Es verantwortet nachhaltige Wertschaffung und muss sich um berechtigte öffentliche Interessen kümmern.

„Vor allem aber ist ein Aufsichtsrat dafür verantwortlich, dass es ihm selbst gut geht. Nur wenn's ihm in seiner Funktion gut geht, geht's auch dem Unternehmen gut." Die Einsicht, dass Selbstschutz die wichtigste Fähigkeit eines Top-Managers ist, war ihm selbst erst spät in seiner Karriere gekommen. Selbstreflexion und ein gutes „Bauchgefühl" hatten ihm seinerzeit den Aufbau dieses Schutzschildes ermöglicht.

„Jessica wird das auch noch lernen", ist sich der Vorsitzende sicher.

Ist dir das schon mal aufgefallen? Je jünger die Mitarbeiter in deinem Unternehmen sind, desto mehr Fragen stellen sie. Je älter sie sind, desto mehr Antworten geben sie. Die Bereitschaft und Fähigkeit, Antworten zu erteilen, nehmen mit steigendem Dienstalter zu. Die Bereitschaft und Fähigkeit, Fragen zu stellen, gehen hingegen im selben Ausmaß zurück. Der Aufsichtsratsvorsitzende, von dem ich eben erzählt habe, hat diese Beobachtung ebenfalls gemacht und ist gar nicht glücklich darüber.

„Ich nenne das die `Senioritätsfalle´", meinte er kürzlich in einem Gespräch. „Viele Führungskräfte unterliegen dem Irrtum, sie müssten mit jedem Karriereschritt mehr wissen und können als ihre Mitarbeiter. Tatsächlich wird ihnen von ihren Organisationen der Zwang auferlegt, auf alles eine Antwort parat zu haben. Nur wer Auskünfte, Informationen, Ansichten, Meinungen und angebliche Fakten von sich gibt, gilt als kompetent. Wer Fragen stellt, weiß nichts, gibt sich eine Blöße und wird daher auch nicht mit Verantwortung betraut."

Unweigerlich musste ich an all die klugen Köpfe in sogenannten „Expertenorganisationen" denken – Partner in Rechtsanwaltssozietäten, leitende Beamte in Behörden, Chefärzte in Krankenanstalten. Ihnen allen ist gemein, dass sie unter dem sozialen Druck leiden, möglichst viel wissen und etwaiges Unwissen verbergen zu müssen. Manche knicken unter diesem Stress ein. Wenige können sich zur entlastenden Erkenntnis durchringen, dass es vollkommen okay ist, auch mal nichts zu wissen und es zugeben zu können. Um diese Haltung in einer Expertenorganisation leben zu können, bedarf es jedoch Mut. Ich ziehe vor jedem, der das schafft, meinen Hut.

Und was ist mit denen, die es nicht schaffen? Nun – die tun ihren Organisationen nichts Gutes, denn sie führen ihre Kollegen geradewegs in die „Senioritätsfalle", indem sie ihnen das Verhalten vorleben, mit dem sie selbst sozialisiert wurden. Sie perpetuieren damit den Prototyp der „antwortenden Organisation", und verstellen den Weg zur „fragenden Organisation" – einer Organisation, in der Fragen erlaubt und erwünscht sind; einer Organisation, in der Fragen kein Machtinstrument darstellen („Was, du weißt das nicht?"), sondern absichtsfrei formuliert werden; einer Organisation, die sich der Weiterentwicklung durch Reflexion verschrieben hat.

Kennst du das? Du sitzt in einer Sitzung und jemand stellt verschämt eine Frage. Der Chef daraufhin: „Fragen Sie ruhig. Es gibt keine dummen Fragen." Das ist schon mal ein richtiger Schritt in Richtung „fragende Organisation". Noch wirksamer als diese gönnerhafte Aussage wäre allerdings, wenn der Chef selbst eine fragende Haltung vorleben würde.

Wenn's nach mir ginge, müsste *Verantwortung* eigentlich „*Verfragung*" heißen.

VERMÖGEN

„Wieviel Vermögen haben Sie denn?", fragt der Bankberater. Christian hat die Einladung seiner Hausbank angenommen, um über Veranlagungsmöglichkeiten zu sprechen. Klar – die Bank ist daran interessiert, dass er sein Erspartes in irgendwelche Fonds investiert. Obwohl Christian weiß, dass diese Frage im Zuge des Gesprächs aufkommen muss, erfüllt sie ihn mit Unbehagen. Warum bloß? Christians Gedanken driften ab. Die Frage nach dem Geldvermögen berührt seine Privatsphäre. Es ist ihm unangenehm, über seinen materiellen Besitz zu sprechen. Er geniert sich regelrecht, bemerkt ein Schamgefühl in ihm aufkeimen. Er ist sich seiner Leistungsfähigkeit bewusst, hat eine steile Karriere und viel Kohle gemacht. Es ist ihm allerdings zuwider, damit zu protzen – nicht einmal ein Gefühl des Stolzes erlaubt er sich. „Warum habe ich so viel und andere so wenig?", fragt er sich. Manchmal fühlt er sich regelrecht asozial. Außerdem ist er sich bewusst, dass seine beruflichen Leistungen und sein materieller Status Neid erwecken. Neid, Missgunst, blödes Getratsche hinter seinem Rücken – Christian kann das einfach nicht ausstehen, denn er ist sehr verletzlich. Er hat bereits begriffen, dass ihm mit jedem Karriereschritt unweigerlich noch mehr von diesen negativen Emotionen entgegenschwappen würden.

Allerdings stellt sich Christian eine weitere Frage. „Warum denken wir beim Wort `Vermögen´ zuallererst an Geld? Was hat diese `Willhaben-Gesellschaft´ aus uns gemacht? Ist nur Bares wirklich Wahres?"

Nein, Christian – du hast schon recht. Das eigentliche Vermögen eines Menschen liegt darin, was er zu tun vermag. Vermögen im Sinne von Können, Wissen, Kompetenzen, Fähigkeiten – dies sind die eigentlich wertvollen Dinge im Leben. Sie bescheren uns jene Erfolge, die wir brauchen, um zu wachsen. Sie verleihen uns ein Gefühl der Selbstwirksamkeit, das uns mit Stolz und Selbstsicherheit erfüllt. Diese Art des Vermögens ist das Samenkorn, aus dem ein starker Baum wächst und dessen Geäst vielleicht später auch materielles Vermögen hervorbringt.

Christian ist am richtigen Weg, denn er will sein Leben nicht nur am Haben ausrichten, sondern ins Sein kommen. Er hat es satt, noch mehr Geld anzuhäufen, und gibt sich stattdessen mit jenem bescheidenen Reichtum zufrieden, den er mit seinem Vermögen erarbeitet hat. „Worin liegt mein Vermögen eigentlich?", denkt Christian und ist froh, diesen Gedanken nachhängen zu können, während sein Kundenberater Werbeprospekte holen geht.

Sein trockener Humor kommt in seinem Arbeitsumfeld gut an. Scharfsinnige Bemerkungen, gewürzt mit einem Quentchen Ironie, nie aufdringlich, prollig oder abwertend – so haben ihn seine Kollegen kennen und schätzen gelernt. „Christian führt die feine Klinge, und nicht die Streitaxt", lobte ihn sein Chef bei der letzten Geburtstagsfeier im Büro.

Humor ist ein exzellentes Schmiermittel für die Karriere. Er stellt nicht nur eine wichtige persönliche Stärke dar, die das eigene Leben leichter macht. Er ist auch ein wichtiger Grundstein für soziale Kompetenz, denn Humor garantiert Anschluss an andere Menschen. „Der Effekt des Humors in der Karrieregestaltung wird vielfach unterschätzt", weiß Christian.

Welche anderen Werthaltungen haben Christian noch auf seinem Berufsweg unterstützt? „Achte auf deine Gedanken, achte auf deine Worte und bedenke bei allem, was du tust, das Ende." War´s Konfuzius, der das gesagt hat? Egal. Christian war immer schon ein Introvertierter, einer, der sich gerne über sich und die Welt Gedanken machte. Ein Achtsamkeitstraining half ihm dabei, seine Neigung zur Selbstreflexion auszubauen. Was er dabei perfektioniert hat? Sich in allem die Frage nach dem `Ende´ zu stellen, und zwar in zweifacher Hinsicht:

`Ende´ im Sinne von `Zweck´ - Christian stellt sich in allen wichtigen Lebensangelegenheiten die Wozu-Frage. Wozu denkt er einen Gedanken, wozu fühlt er eine Emotion, wozu setzt er eine Tat? Was erreicht der damit, wohin führt ihn das, wofür ist es gut? Macht es ihn zufriedener, dankbarer, glücklicher – oder erreicht er das Gegenteil damit? Christian ist der festen Überzeugung, dass ihn diese Form der Selbstbefragung auch ein Stück weit näher an den Sinn seiner Existenz führt. Die Zweckfrage, die ihn auf seinen alltäglichen Denkungs- und Handlungswegen begleitet, lässt ihn in kleinen Schritten erkennen, was sein ganz persönlicher *Purpose* ist.

`Ende´ aber auch im Sinne von `Tod´. Christian ist bereits mehrmals schwer erkrankt, sein Leben stand auf der Kippe. Unfall, Krebs, psychische Probleme. Die Überwindung dieser Herausforderungen liess ihn einerseits erkennen, dass Krisen nicht ewig dauern und jedes Problemchen auch wieder vorübergeht. Andererseits gilt dies natürlich auch für die Hochphasen des Lebens. Alles ist vergänglich, ob Glück oder Unglück. Diese Einsicht lässt Christian ausgeglichen leben und hält ihn davon ab, jedes Auf und Ab auf der Achterbahn seines Daseins voll mitzumachen.

Unser Karrierist kann jedoch nicht nur den Zweck *erkennen*, er kann ihn auch *erreichen*. Er ist ein Mensch, der rasch vom Denken ins Tun kommt. Umsetzungskompetenz wurde ihm im Führungskräftetraining attestiert. „Das Schöne an dieser Kompetenz ist, dass ich mit meinem Elan positiv auf andere wirke und sie regelrecht mitreiße", sinniert Christian. „Natürlich verschafft mir das auch ein Erfolgserlebnis, wenn ich sehe, dass mein Tun unseren Kollegen Schubkraft verleiht."

Plötzlich Schritte. Kaffeeduft in der Nase. Der Kundenberater kommt zurück, bringt Prospekte und Espresso mit. „Und? Wissen Sie schon, wieviel Sie auf der hohen Kante haben?"

Christian erwidert lächelnd: „Mein Vermögen ist so groß, das können Sie unmöglich alles veranlagen." Und denkt dabei an die vielen Fähigkeiten, mit denen er gesegnet ist.

Vor einiger Zeit unterhielt ich mich mit Kollegen über die Art und Weise, wie Führungskräfte ihren Mitarbeitern Feedback geben (sollen). Bald fiel uns auf, dass es eine sehr eindimensionale Betrachtung wäre, nur über „Feedback *geben*" zu sprechen. Müssen wir nicht zuerst Feedback *nehmen* können, bevor wir uns als befähigt erachten, es zu geben? Und ist es nicht so, dass der, der Feedback gibt, auch unweigerlich Feedback erhält – ob er will oder nicht? Wie Paul Watzlawick richtig sagte: „Ich weiß nicht, was ich gesagt habe, bevor ich nicht die Antwort meines Gegenübers gehört habe." Die Weisheit dieses Zitats veranlasste mich, dass Wort „Feedback" mal aus ungewöhnlichen Blickwinkeln zu betrachten und zu analysieren, was Feedback (nicht) sein soll.

Wenn wir „Feedback" aus dem Englischen übersetzen, dann fällt auf, dass darin „Feed", also „füttern" vorkommt. Das führt uns zu einem schönen Bild, in dem sich zwei Gesprächspartner gegenübersitzen, die einander Information wie Nahrung mit einem Löffel zuführen. Die Information aus unserer Kommunikation ist der Nahrung ja auch durchaus vergleichbar:

Durchkauen = reflektieren

Verdauen = akzeptieren

Ausspucken = ablehnen

Dieses Bild führt mich zu einem weiteren Begriff, der viel mit Feedback zu tun hat: „Bevor-Mundung". Feedback soll keine Bevormundung in dem Sinne sein, dass wir unserem Gegenüber Nahrung vorkauen in der Hoffnung, sie für ihn leichter verdaulich zu machen.

Als ich im Umfeld von Feedback weitergrub, stieß ich auf den Begriff „Rat-Schlag". Wenn wir dieses Wort sezieren, fällt auf, dass es durchaus etwas mit Gewaltausübung zu tun hat. Der Ratgeber kann den Rat zu einer Machtdemonstration einsetzen, um den Ratsuchenden zu verletzen, abzuwerten, ja gar zu zerstören.

Durch das Wort „Ratschlag" bin ich dann zu einem weiteren Begriff gekommen: „ein Rad schlagen". Manche Feedbackgeber nützen die Gelegenheit für einen Ratschlag dazu, wie ein Pfau ein Rad zu schlagen – und sich und ihr Wissen und Können in all ihrer Herrlichkeit zu präsentieren. Der Ratschlag wird zur Erhöhung des Ratgebers über den Ratsuchenden genützt, um zu demonstrieren: „Ich bin ein Wissender – du bist ein Unwissender". Der Ratschlag wird als Instrument der Selbsterhöhung des Ratgebers eingesetzt, der Nutzen für den Ratsuchenden ist jedoch nicht erkennbar.

Für diese Pfauen unter den Führungskräften wurde in den USA der Ausdruck „Hippos" geprägt. Nein, nicht Hippo wie Nilpferd. "In a discussion, it´s the Highest Paid Person´s Opinion that counts." Hippos stehen für eine streng hierarchische, paternalistische Führungskultur. Diskutiert wird lediglich, um die Bühne für den Auftritt des mächtigen Hippos vorzuwärmen. Mit seiner Meinungsäußerung ist alles klar, Diskussion over and out. Feedback lassen Hippos nicht zu.

Da wollen wir uns lieber an der technischen Interpretation des Wortes „Feedback" orientieren: „Rückkopplung". Die Psychedelic Rock-Aficionados unter uns werden das mit Jimi Hendrix´ kreissägenartigem Gitarrensound assoziieren. Allerdings hat „Rückkopplung" auch eine soziale Konnotation: es wird eine Verbindung geschaffen, eine persönliche Beziehung kreiert. Schließlich wird der Feedback-Geber immer damit verbunden, was er gesagt; oder besser: was der Feedback-Nehmer verstanden hat.

Und nun überlege, wie du die Verständigung mit deinen Kollegen oder Mitarbeitern gestalten kannst.

WISSEN

„Wissen ist Macht" – dieses Zitat kennt wohl jeder von uns. Wir wurden schließlich zur Wissensgläubigkeit erzogen. Politiker, Eltern und Bildungseinrichtungen ließen keinen Zweifel an den unzähligen Wohltaten des Wissens aufkommen. Mannigfaltig waren die Vorteile, mit denen uns die lebenslange Wissensakkumulation angepriesen wurde: Chancenvielfalt, Jobsicherheit, Kohle zur Befriedigung unserer Bedürfnisse, Erleuchtung, Transzendenz, besseres Leben als unsere Eltern, Aufstiegschancen, Einfluss – und vieles mehr. Jahrzehntelang galt das unwidersprochene Mantra, dass unser Wissen *der* Schlüssel zum Erfolg sei.

Die jungen Menschen in unserer Gesellschaft haben durch die Finanz- und Corona-Krise leidvoll erfahren, dass die Formel „Wissen = Erfolg" nicht mehr stimmt. Guter Job mit viel Kohle? Kennen viele nur mehr vom Hörensagen. Wenigstens irgendein Job mit wenig Kohle? Haben viele auch nicht mehr. „Okay, *Boomers*", meinen viele Junge fatalistisch in Richtung ältere Generation, „ihr habt uns mächtig angeschmiert. Was haben wir jetzt von unserem abgeschlossenen Studium, dem Master und einem Dutzend sonstiger Zertifikate? Wir liegen euch auf der Tasche und ihr müsst uns was aus eurem Sparstrumpf zuschießen."

Abgesehen davon, dass unsere Jugend aufgrund der gebrochenen Versprechen frustriert und bildungsmüde geworden ist, hat unser Wissenswahn auch andere Auswirkungen gezeitigt.

Wissen wird in Organisationen regelrecht als Waffe zur Förderung eigener Interessen eingesetzt. Wissen ist zu einem egoistischen Machtinstrument verkommen, mit dem Menschen ihre *Claims* abstecken, also Positionen erobern und verteidigen. „Ich weiß etwas, was du nicht weißt" – kindisch muten diese Spielchen in der Arbeitswelt an, die trotz aller *New-Work*-Initiativen der Zehnerjahre offensichtlich nicht ausgerottet werden können. Wissen als Eigentum zu hüten, anstatt es zu teilen, behindert die organisationale Kollaborationsfähigkeit massiv.

Unsere Wissensorientierung hat darüber hinaus eine Wissensillusion entstehen lassen: Indem wir uns Wissen immer rascher erarbeiten, täuschen wir uns selbstgefällig über das Ausmaß unseres tatsächlichen Wissens. Wir gaukeln uns vor, dass unser Wissensumfang stetig zunimmt, ohne zu beachten, dass wir bereits Gewusstes auch wieder vergessen. Auch täuschen wir uns über das Ausmaß des Ungewussten, was zur Folge hat, dass unbekannte oder unerwartete Ereignisse uns in Angst und Panik versetzen. Ungläubigkeit und Selbstvorwürfe resultieren daraus: „Wieso haben wir das nicht kommen sehen?" „Wie kann das passieren – wir haben doch alles gecheckt?" Verleugnung und Selbstbetrug sind das Ergebnis. Wir stecken den Kopf in den Sand und betreiben „Vogel-Strauß-Politik": „Wir weigern uns, das Ergebnis zur Kenntnis zu nehmen." „Diese Fakten sind nicht *unsere* Fakten." „Wir machen weiter wie bisher – so falsch kann das doch nicht gewesen sein." Auf diese Weise bereiten wir uns den Nährboden für unser Scheitern.

Was bedeutet dies alles nun für die Unternehmensführung?

Zum einen darf es keine individuellen und bevorrechteten Wissensinseln im Unternehmen geben. Es muss nicht alles von allen gewusst werden, aber es ist sicherzustellen, dass *relevantes* Wissen von einer zweiten Person gewusst oder zumindest auffindbar gespeichert wird. Das „Vier-Augen-Prinzip" des Risikomanagements ist also um das „Zwei-Gehirne-Prinzip" zu ergänzen. Empfehlenswert ist die Einrichtung einer Stabsstelle für Wissensmanagement mit Berichtslinie an den *Chief Operating Officer*.

Zum anderen muss das organisationale Wissen einer andauernden *Challenge* unterzogen werden. Ist unser Wissen für einen erfolgreichen Geschäftsbetrieb ausreichend? Was wissen wir über unser Nichtwissen – wie umfangreich, relevant oder bedrohlich ist es? Wie wichtig und dringlich ist es, Wissenslücken zu stopfen? Welche Ressourcen braucht es dafür? Und wie gehen wir mit unerwarteten Ereignissen um?

Ihr seht schon, Wissensmanagement hat viel mit Risiko- und Krisenmanagement zu tun. Verantwortungsvoller Umgang mit (Nicht-)wissen ist die tauglichste Präventionsmaßnahme, um nicht in die Falle der Wissensillusion zu tappen. „Wissen ist Macht" war gestern – „Wissen ist Verantwortung" gilt heute.

SEX: WERT ODER BEDÜRFNIS? (EWALD ZADRAZIL)

Pünktlich um 8:30 in meiner Praxis. Ich schaue auf meinen Kalender und lese den Eintrag `LWD´. Der Termin ist rot markiert, also ein wichtiger Termin für mich. Ein Lächeln erhellt mein Gesicht. Freudig gehe ich zur Kaffeemaschine und befülle meine Tasse mit einem heißen Espresso. Ich drehe das Radio lauter und setze mich auf die Couch – den Ort in meiner Praxis, wo sonst meine Kunden oder Klienten Platz nehmen. Ein Perspektivenwechsel. Auf der Couch sitzend, blicke ich auf Bilder und Sprüche an der Wand, die ich sonst von meinem Sessel aus nie sehe. Lege meine Füße auf den Tisch und genieße den Kaffee. Für mich eine Art Ritual, das mir hilft, mich zu entspannen.

Ich lese die Sprüche: „Klug war es nicht, aber es hat Spaß gemacht"; oder: „Zuviel des Guten – kann wundervoll sein". Meine Atmung wandert von der Brust in den Bauch. Ahhh – der Kaffee schmeckt heute besonders gut. Der LWD ist bis 13:00 im Kalender eingetragen. Mein Lichtblick – heute. Ein LWD steht einmal im Monat im Kalender. LWD steht für *Low Working Day*. Das bedeutet, dass ich heute bei mir selbst in Supervision bin. Zeit, die ich mit mir verbringe. Zeit für Selbstreflexion. Eine Zeit, in der ich mir bewusst mache, was in den letzten Tagen gut gelaufen ist und was ich vielleicht anders machen hätte können.

Mit welchem Thema komme ich heute zu mir? Der Kaffee riecht fabelhaft. Ich schließe meine Augen und nehme den Kaffeeduft in mich auf. Ich frage mich, ob der Geschmack oder der Duft in mir wirkt? Kaffee ohne Milch und Zucker. Kaffee pur. Ein Erlebnis, den Kaffee in seiner reinen Form zu genießen! Was ist heute mein Thema? Auf diese Frage an mich selbst folgt – Schweigen. Eine kleine Ewigkeit lang. Fühle mich unter Druck, die Frage zu beantworten. Ob meine Klienten einen ähnlichen Stress empfinden, wenn *ich* eine Frage stelle und dann still und wertschätzend auf eine Antwort warte? Sicher.

Auf einmal spreche ich „Bedürfnisse…" laut aus. Ich wundere mich über mich selbst. Warum zum Kuckuck sage ich: „Bedürfnisse"?

Ich gehe zum Flip Chart im Raum und beginne, die Bedürfnispyramide von Maslow zu zeichnen. So etwa ab der Mitte der Pyramide schreibe ich `Sexualleben´. Habe ich ein erfülltes Sexualleben? Was ist eigentlich ein erfülltes Sexualleben? Etwas höher in der Pyramide, schreibe ich `Selbstverwirklichung´. Lebe ich mein Leben? Bin ich mir meiner Werte bewusst? Warum eigentlich Werte und nicht Bedürfnisse? Es heißt doch „Bedürfnispyramide"?

Ach ja, alle sprechen von Werten, aber keiner von Bedürfnissen. Oder sind das unterschiedliche Sichtweisen? Ich setze mich auf die Couch. Der Kaffee ist leer, ein neuer muss her. Also gehe ich in die Küche. Ich starre auf die Kaffeemaschine und denke: „Was wollte ich gerade?" Ach ja, einen Kaffee. Während die Maschine surrt (oder besser knurrt) frage ich mich: „Was hat mich so verwirrt? War es das Sexualleben oder doch die Selbstverwirklichung?" Der Kaffee ist fertig.

Soweit ich mich erinnere, sagt Maslow, dass Bedürfnisse einer hierarchischen Ordnung unterliegen. Die höheren Werte werden stärker als Bedürfnisse erlebt als die darunterliegenden. Laut Lehrbuch wäre mir daher Sex weniger wert als meine Selbstverwirklichung. Ist das wirklich so? Naja, mit zunehmendem Alter kann ich das bejahen. Immerhin mache ich seit 20 Jahren ohne Unterbrechung irgendeine Aus- oder Weiterbildung, um mich zu entwickeln. Aber davor hätte ich wohl anders geantwortet. Wenn das so ist, wann haben sich diese Werte/Bedürfnisse verschoben? Ist mir scheinbar entgangen. Habe ich da etwas übersehen? Habe ich einen blinden Fleck?

Scheiß Weiterbildung. Energie fährt durch meinen Körper. Ich muss aufstehen, um den Energieschub zu kompensieren. Wurde mein Bedürfnis nach einem erfüllten Sexualleben etwa vom Bedürfnis nach Selbstverwirklichung überholt? Will ich das überhaupt? Kann ich das rückgängig machen? Der Therapeut in mir rät: „Arbeite doch mit zwei Bodenankern – einem Anker für dein Sexualleben und einem anderen für deine Selbstverwirklichung." Brauche einen Schluck Kaffee. Stehe mit geschlossenen Augen in meinem Sexualanker und stelle mir ein erfülltes Sexualleben vor. Geil – fühlt sich richtig gut an. Danach ab in meinen Anker der Selbstverwirklichung. Mit geschlossenen Augen erlebe ich mich auf einem Segelschiff. Muss irgendwo in der Karibik sein. Die Sonne scheint, blaues Meer. Korallen leuchten im Wasser. Ein langer weißer Sandstrand. Palmen sind zu sehen. Von irgendwo her tönt Musik. Rhythmische Klänge sind zu hören. Mein Körper beginnt sich zu bewegen. Ich mag den Ort, ich mag das Schiff. Ein Gefühl von Freiheit gemischt mit Lebensfreude macht sich breit. Das ist er, mein Kraftort, hier will ich bleiben.

Plötzlich ein schrilles Geräusch. All meine schönen Bilder sind weg. Es ist wie das Erwachen aus einem schönen Traum, den ich gerne noch weitergeträumt hätte. Das blaue Meer kehrt zögerlich zurück. Doch dann – nochmal das schrille Geräusch! Ich öffne meine Augen. Es ist 13:00 Uhr. Mein LWD ist vorbei, der erste Termin beginnt. Ich erhebe mich und öffne der Klientin die Türe. Als sie auf der Couch Platz nimmt, frage ich sie: „Kaffee?"

Ewald Zadrazil

WAS MACHT NUN EIGENTLICH SINN?

Amina hat einen besonderen Bezug zu Werten. Wie viele andere Menschen auch, wurde sie durch Krieg, Not und Leid aus ihrer Heimat im Nahen Osten vertrieben. Sie musste ihr Land nicht zuletzt deswegen verlassen, weil sie nicht mehr ins Werteschema der neuen Machthaber passte. Die Menschen dort ließen sie zeitlebens ihre Andersartigkeit spüren. Amina war nämlich in Deutschland zur Schule gegangen und dann als Lehrerin in ihr Land zurückgekehrt. Zu allem Überfluss hatte ihre Familie christliche Wurzeln. Keine besonders guten Voraussetzungen für ein angepasstes Leben in einem Land, das sich rasant radikalisiert und eine religiöse Monokultur eingeführt hat.

In ihrer neuen Heimat engagiert sich Amina für die Integration von Migranten. Sie arbeitet als Trainerin in staatlich geförderten Wertekursen und vermittelt dort europäische Werte. Oft wird sie in diesen Seminaren mit der Sinnfrage konfrontiert. Die Menschen, mit denen sie tagtäglich zu tun hat, erleben ihre Existenz als Flüchtling auf einem „fremden Planeten" als vollkommen sinnentleert. „Warum ist das so?", fragt sie sich und versucht, die Antwort in ihren eigenen Erfahrungen zu finden.

„Etwas macht Sinn, wenn du es gemeinsam mit anderen tust – eben mit Gleichge*sinn*ten." Die Entwurzelung, wie sie Migranten erfahren, steht also der

Sinnfindung im Wege. Die Verbundenheit zu Gleichgesinnten, mit denen du nicht alle, aber vielleicht einige wichtige gemeinsame Werte teilst, spielt eine große Rolle. Die Zugehörigkeit zu einer Gemeinschaft, in der ähnliche Ansichten, Meinungen und Haltungen gelebt werden, ist ebenso bedeutsam. Mit anderen Menschen Emotionen und Erfahrungen zu teilen, diese gemeinsam zu bewerten und zu beurteilen, und die eigene Denkweise bestätigt zu erhalten, wirkt identitätsstiftend.

All das ist für Menschen, die an einer fremden Küste angespült werden, schwierig. Die Verbundenheit mit ihrem gewohnten Umfeld ist ihnen abhandengekommen. Das Gefühl des Alleinseins lässt sie nach zwischenmenschlichen Beziehungen suchen, in denen sie Sicherheit, Routine und Bestätigung durch die Gemeinschaft fühlen. Ein starker Wunsch nach Einbettung in ein soziales Gefüge, wie sie es aus ihrer Heimat kennen, keimt auf. „Nicht gerade förderlich für die Integration in einem unbekannten Land", denkt Amina.

„Sinnstiftend ist, was dich frei macht". Amina reflektiert über ihre Passion für die Erwachsenenbildung, und das kleine Gehalt, das sie dafür erhält. Sie kann ihre berufliche Leidenschaft leben und ihr Potenzial entfalten. Sie fühlt sich eigenständig und unabhängig, liegt niemandem mehr auf der Tasche. Wenn sie am Morgen in den Spiegel schaut, sieht sie eine erfolgreiche und zufriedene Frau. Eine Frau, die durch ihre Beschäftigung Würde und Sinn im Leben gefunden hat. „Dieses Glück bleibt vielen Migranten allerdings verwehrt", weiß Amina. Sie haben keine Arbeit oder werden in Tätigkeiten hineingedrängt, die weder für sie passen noch ein Auskommen garantieren.

„Wie sollen diese Menschen mit sich zufrieden sein? Viele sind ständig auf der Suche, ohne jemals anzukommen." Auch damit trifft Amina ins Schwarze: Selbstverwirklichung ist ein starker Treiber für die Sinnfindung. Wenn dein Lebens*inhalt* zum „*Sinnhalt*" wird, bist du dort, wo du sein willst. Du fühlst dich authentisch, denn du handelst im Einklang mit deinen inneren Überzeugungen. Du tust, was du denkst, und denkst, was du tust. Schwierig, wenn du in deinem Herkunftsland Tischler oder Ingenieur mit Leib und Seele warst, aber hierzulande einen Gastro-Job um einen Euro pro Stunde machen musst.

„Ein Mensch braucht Herausforderungen. Er braucht aber auch die Bestätigung durch andere, dass er etwas gut gemacht hat." Auch hier liegt Amina (fast) richtig. Wir wollen etwas leisten, uns anstrengen und einen Mehrwert erzielen. Wir sollten allerdings nicht nach Anerkennung durch andere streben, sondern die Leistung zunächst für uns selbst erbringen. Dieses Gefühl der Selbstwirksamkeit ist nicht zu toppen. Wenn andere *cool* finden, was wir tun und uns dafür auf die Schulter klopfen, dann ist das natürlich das Sahnehäubchen. Sinn finden wir allerdings, wenn wir stolz auf unsere Leistung sind – unabhängig von sozialer Bestätigung durch *High Fives* oder *Likes*. „Das ist wohl richtig", meint Amina und denkt daran, wie schwierig es für Migranten ist, sich soziale Anerkennung zu erarbeiten.

Was du eben über Amina gelesen hast, trifft natürlich nicht nur auf Migranten zu. Doch wenn ich´s mir so recht überlege: sind wir nicht alle Migranten? Unser Leben ist eine Reise, die uns an viele fremde Gestade führt. Manchmal begleitet uns ein Reiseführer, der´s gut mit uns meint, ein andermal ein Schlepper, der uns ausnimmt.

Gelegentlich fühlen wir uns wie Odysseus, weil wir keinen Einfluss auf unser Schicksal haben. Wir fühlen uns ausgeliefert, schutzlos und schwach.

Auch wenn uns die raue See der Arbeitswelt beutelt und wir nackt und mittellos den Unbilden der Witterung ausgesetzt sind, so haben wir doch einen eingebauten Kompass, den uns keiner nehmen kann. Ich spreche von unserem *Mindset*, und zwar den Werten, Haltungen, Einstellungen, Meinungen, Ansichten, Urteilen und Perspektiven, die wir hoffentlich zeitlebens gepflegt, hinterfragt und weiterentwickelt haben. Sie sind es, die uns nun in diesen herausfordernden Zeiten fit und munter halten. Im Einzelnen erarbeitet und in der Summe betrachtet, stellen sie einen Baukasten dar, aus dem wir uns den *Purpose* unseres Lebens und Arbeitens zusammenzimmern.

Und wir werden jenen Erfolg haben, den wir uns so sehnlich wünschen.

Ende